AF360012

COLLECTION DE MONNAIES

DES INDES NÉERLANDAISES
ET PORTUGAISES

MONNAIES CHINOISES

MONNAIES DE L'AMÉRIQUE

VENTE À AMSTERDAM
LE MERCREDI 4 FÉVRIER 1925
DIRECTION

J. SCHULMAN

EXPERT — NUMISMATE
KEIZERSGRACHT 448, AMSTERDAM
ADRESSE TÉLÉGRAPHIQUE
NOMISMA — AMSTERDAM

SCHU.J
Sevrer
1925

CATALOGUE

D'UNE COLLECTION IMPORTANTE DE MONNAIES DES INDES NÉERLANDAISES CONTENANT PLUSIEURS RARETÉS

MONNAIES COLONIALES ET INDIGÈNES

MONNAIES FRAPPÉES AUX INDES ET AUX PAYS-BAS POUR LES INDES PAR ORDRE DE LA COMPAGNIE HOLLANDAISE DES INDES ,,VEREENIGDE OOST-INDISCHE COMPAGNIE".

MONNAIES FRAPPÉES PENDANT LA PÉRIODE DE LA RÉPUBLIQUE BATAVE, CELLES DE LOUIS NAPOLÉON ET DES GOUVERNEMENTS ANGLAIS ET NÉERLANDAIS.

ILES DE BORNEO, CÉLÈBES, JAVA, MADOURA ET SUMATRA.

MONNAIES DES ANCIENNES COLONIES NÉERLANDAISES, MALACCA, CEYLAN, NEGAPATNAM, PALIAKATE.

MONNAIES FRAPPÉES PAR LES ANGLAIS POUR JAVA, BORNEO, CÉLÈBES, SUMATRA ET MALACCA.

MONNAIES DES INDES PORTUGAISES DIU ET GOA.
MONNAIES CHINOISES, ETC.
MONNAIES DE L'AMÉRIQUE DU SUD ET DU NORD.

DONT LA VENTE AUX ENCHÈRES PUBLIQUES AURA LIEU

LE MERCREDI 4 FÉVRIER 1925, L'APRÈS-MIDI À 2 HEURES,

AU BUREAU ET SOUS LA DIRECTION DE

J. SCHULMAN, EXPERT – NUMISMATE

KEIZERSGRACHT 448, AMSTERDAM.
ADRESSE TÉLÉGR. NOMISMA AMSTERDAM.

JOUR D'EXPOSITION

LE LUNDI 2 FÉVRIER 1925

DE 10 HEURES DU MATIN JUSQU'À 4 HEURES DE L'APRÈS-MIDI.

acq: 33.211

BIBLIOTHEQUE NATIONALE
R.F.

CONDITIONS DE LA VENTE.

La vente aura lieu au comptant en florins et cents des Pays-Bas.

Les acquéreurs paieront dix pour cent en sus des enchères.

L'expert J. Schulman se charge gratuitement d'exécuter les commissions que M.M. les amateurs voudront bien lui confier.

L'authenticité des pièces est garantie sauf indication contraire.

L'expert se réserve le droit de réunir ou de diviser les lots.

Dans le cas où une contestation s'élèverait sur deux enchères, l'objet sera immédiatement remis en vente.

L'exposition mettant les acheteurs à même de juger de l'état des pièces cataloguées, aucune réclamation ne sera admise aussitôt l'adjudication prononcée.

Le degré de la conservation est indiqué bien exactement par:

F.d.c. = fleur de coin = every fine = Stempelglanz.

Superbe = splendid = Prachtvoll.

Très beau = very fine = sehr schön.

Beau = fine = schön.

t.b.c. = très bien conservé = very good = sehr gut erhalten.

b.c. = bien ou médiocrement conservé = good = ziemlich gut erhalten.

a.b.c. = assez bien ou mal conservé = fair = gering erhalten.

ABRÉVIATIONS PRINCIPALES.

A.H. = An de l'Hégire; **Arg.** = argent; **à dr.** = à droite; **à g.** = à gauche; **Br.** = bronze; **Cf.** = comparez; **Cat.** = catalogue; **Cu.** = cuivre; **Ens.** = ensemble; **en ex.** ou **à l'ex.** = exergue; **fr.** = frappé; **gr.** = grammes; **Haut.** = hauteur; **Lég.** = légende; **mm.** = millimètres; **m.m.** = marque monétaire; **monogr.** = monogramme; **Méd.** = médaille; **pl.** = planche; **ps.** = pièces; **Rev.** = revers; **s.d.** = sans date; **var.** = variété.

ORDRE DES VACATIONS.

L'ordre du catalogue sera suivi.

On vendra le Mercredi 4 Février 1925, l'après-midi à 2 heures précises.

ASIE.

Colonies néerlandaises aux Indes.

MONNAIES FRAPPÉES AUX INDES PAR LES NÉERLANDAIS.

1 (1753—1761) *Ducat* de Zéelande 1759 (cf. Verkade pl. 78, 6) contremarqué à Batavia du mot „*Djawa*" = Java, en caractères arabes, d'après la résolution du 13 décembre 1753. Voir *N.* [1]) pl. II. 9*a*. Or, très beau, la contremarque superbe. *Voir la reproduction.*

2 1765. *Dute* DUŸT—IAVAS—1765. Rev. Caract. arabes. Cf. *N.* 29. Belle 1783. *Dute. N.* 29, b.c. Cu. 2 ps.

3 1766. *Roupie* de Batavia; m.m. ✠ Lég. malaie en caractères arabes. Date à grands chiffres et espacés. Var. de *N.* 20 b. Var. de Moq. [2]) 657. Arg. Belle.

4 — *Roupie* pareille, petits chiffres. Var. de Moq. 662. Arg. Belle.

5 1797. **Double roupie d'or** ou *Quadruple ducat.* Marque monétaire, un *coq. N.* 10. Cf. le double ducat *N.* 8. Moq. 693. Manque à la coll. Stephanik. Or. 15.2 gr. Très belle. *Extrêmement rare. Voir la reproduction.*

6 1796. *Bonk* [3]) ou lingot de un Sou, **I:S:** dans un rectangulaire de globules. Rev. (1)796 dans un rectangulaire semblable. Cf. *N.* 26. Moq. 512. Cu. 23/18 mm., 18,6 gr. Très beau. Rare.

7 1797. *Bonk* pareil. Var. de Moq. 517, date plus petite. Cu. 22,18 mm., 19.1 gr., t.b.c.

8 1798. *Bonk* de 2 sous. *N.* 24. Cf. Moq. 520. Cu. 26/21 mm., 46,2 gr. Beau. Rare.

9 — *Bonk* de un sou. Cf. Moq. 519. Cu. 20/18 mm. 20,1 gr. Très beau. Rare. *Voir la reproduction.*

---

[1]) E. Netscher en Mr. J. A. van der Chijs. De Munten van Nederlandsch-Indië. Batavia. 1863.

[2]) J. P. Moquette. De Munten van Nederlandsch Indië. *Articles* dans le Tijdschrift van het Bataviaasch Genootschap van Kunsten en Wetenschappen. Dln. L—LII.

[3]) Ces pièces dites *Bonk* ou lingot furent fabriquées des longs lingots de cuivre importés du Japon, coupés en plusieurs morceaux.

MONNAIES POUR L'INDE, FRAPPÉES AUX PAYS-BAS.

Hollande (monnaies frappées à Dordrecht).

10 *Dutes.* Ecusson couronné de la province. Rev. V^t; en haut, une rosace entre deux globules; en bas, la date 1726, 33, 34, 35, 36, 44. 45, 46, 48, 50, 51, 52, 64, 65, 66, 67, 71, 80, 88, 89, 90, 93. *N.* 21. La plupart t.b.c., 1734, 48. 80, très belles. $^1/_2$-*Dutes*, 1749, 52, 53, *N.* 22*a*, belles, 1769, t.b c. Cu. 26 ps.

11 *Dutes* pareilles 1730, 32, 34 (3), 35, 50, 52. La plupart t.b.c. 8 ps.

12 *Dutes* 1747, 1752, 1759, belles-t.b.c. $^1/_2$-*Dutes* 1755, 56, 57, 58, 59, 60, 61, 63, la plupart f.d.c. Frappées en argent. 11 ps.

Gueldre (monnaies frappées à Harderwijk.)

13 1786. $^1/_2$-*Florin* ou pièce de 10 sous. La pucelle néerlandaise debout. Rev. Armoiries entre X—S̱T N. 16. V. [1]) 1082. Arg. Très beau.

14 *Dutes.* Ecusson de la province, et lég. Rev. V^t; en haut m.m.; en bas. la date 1731 (m.m. *renard*), 1771, 76 (m.m. *tronc d'arbre*), 1790, 91. 92, (m.m. *épi de blé*). *N.* 21, et var. Cu. La plupart t.b.c. 6 ps.

15 *Dute* 1791. même type. Essai frappé en virole. Moq. 178. Cu. Superbe.

16 *Dute* et $^1/_2$-*Dute* 1757. fr. en argent; m.m. *grue*. Moq. 186 et 187. Arg. 2 ps. Très belles.
Y ajouté: $^1/_2$-*Dute* 1788. 89, t.b.c. 1790, 2 var. très belles, m.m. *épi de blé*. Cu. 4 ps.

Utrecht (monnaies frappées à Utrecht).

17 1786 *Pièce de 3 florins*, HAC NITIMVR etc. La pucelle néerlandaise deb. Rev. Armoiries entre 3—G^l.; en bas, V^t Tranche striée, *N.* 14. V. 1103. Arg. Belle-t.b.c.

18 — $^1/_2$-*Florin*, même type. *N.* 16. V. 1105, Arg. Superbe.

19 *Dutes.* Arm. de la ville. Rev. Petit écusson entre deux points, V^t et date 1778, 81, 86, 88, 90, 94. *N.* 21*e* — $^1/_2$-*Dutes.* 1753, 54, 55, 70. *N.* 22*e*. Cu. t.b.c. et belles 10 ps.

20 $^1/_2$-*Dutes*, pareilles, frappées en argent. 1758 superbe. 1765, t.b.c. 2 ps.

---

[1]) Verkade. P. Muntboek bevattende de namen en afbeeldingen van munten geslagen in de voormalige Vereenigde Nederlandsche Provinciën. Schiedam. 1848.

Westfrise (Monnaies frappées à Hoorn, Enkhuizen et Medemblik).

21 1728. *Ducaton* de gravure soignée. MON: FŒD: BELG: PRO: WESTF: IN USUM SOCIET: IND: ORIENT. (navet) m.m. de J. Knol à Hoorn. Un cavalier galopant à **gauche**; au-dessous, l'écu couronné de Westfrise. Rev. CONCORDIA — RES PARVÆ — CRESCUNT. 1728. Les armoires des Provinces-Unies; au-dessous ₩ dans un cartouche. Tranche unie *N.* 13. Verk. 1088. Arg. 34 mm., 33 gr. Très beau. *Voir la reproduction.*

22 1786. *Florin*, à la pucelle néerlandaise deb. Rev. Armoiries. Var. de *N.* 15. Catal. Grogan 756. Arg. Beau.

23 *Dutes* 1729, 33, 35, 37. *N.* 21c (m.m. *navet*), 1756. ₩ des deux côtés, m.m. *coq*), 1767, 68, 72 (m.m. (*bateau*), 76, 77. 80, 86, 92 (m.m. *rosace*). Cu. la plupart t.b.c. 13 ps.

24 *Dutes* 1732, 33, 46, 50 (2), 52, 54. 56. 67? **Zéelande.** *Dutes* 1728. 85, 90, 92. Cu. b.c. et t.b.c. 13 ps.

25 *Dute* 1756, frappée en argent; m.m. *coq*, Moq. 166. Belle.

Zéelande (Monnaies frappées à Middelbourg).

26 1791. *Florin* et ½-*Florin*. La pucelle deb. Rev. Armoiries, etc. Arg. t.b.c. 2 ps.

27 *Dutes* avec LUCTOR ET EMERGO 1727, 1729 *N.* 21b, 1730. 36, 52. 53. 87, 89, 90. et avec écusson coriforme 1794. Cu. la plupart t.b.c., 1789 superbe. — 10 ps.

28 ½-*Dute* 1770. *N.* 22b. très belle. 1772, t.b.c. Cu. 2 ps.

29 Utrecht. *Dutes* 1742. 57, 86, 90, 94. Gueldre 1772, 86, 90. ½-*Dute* 1790. Westfrise. *Dutes* 1731, 33, 48, 52, 65. 66. 67, 85, 89, 92. 1756 ₩ des deux côtés). Hollande. 1732. 67, 71. Zéelande. 1729, 34. 36, 45, 48, 67, 68, 70. 94. Cu. La plupart t.b.c. 32 ps.

RÉPUBLIQUE BATAVE 1799—1806 (AUX INDES JUSQU'EN JANVIER 1808).

Monnaies frappées aux Indes.

30 1799. *Sou* rond ✶ — JAVA — 1799 — arabesques. Rev. ✶ — 1 : S$\underline{t}$ arabesques. Grènetis des deux côtés. Tranche striée. Moq. 521. 25 mm. Beau.

31 — *Sou* rond pareil, var. à grands chiffres. *N.* 25, cf. Moq. 522. 27 mm. Beau.

32 — *Sou* rond pareil, t.b.c.

4

33 1800. *Sou* rond pareil. *N.* 48. Moq. 525, 526, 25.5 mm. **2 ps.**
belles.

> Le métal de ces pièces est une composition du bronze d'anciens canons
> et de plomb. Ce sont des monnaies de nécessité à cause de la manque
> de barres de cuivre de Japon. Lire Moq. p. 240/1.

34 1801. **Roupie d'or** fr. à Batavia. *Coq* au-dessus de la lég. en
caractères arabes; exergue, 1801 et z entre arabesques (z = initiale
du maitre de la Monnaie J. A. Zwekkert). Rev. Lég. en caracteres
arabes: en haut et en bas, des arabesques. Moq. 702. Type *N.* 31
(de 1802) Or, 18 mm., 7,9 gr. Superbe. **De toute rareté.** *Voir
la reproduction.*

35 1803. *Roupie* fr. à Batavia. Cf. Moq. 711*a*, *contremarquée* d'une
petite M. et d'une fleur par le prince Pakou Nata Ningrat, à *Soumanep,* en 1819 (Lire *N.* p. 159). Arg. Belle.

36   *Bonk de 2 sous.* Var. de *N.* 46. Moq. 536. Cu. 25/19 mm. Beau
Rare.

37 — *Bonk de un sou.* *N.* 47*b.* Moq. 535. Cu. 22/18 mm. Beau. Rare.

38 1804. *Roupie.* nouveau type, de grand module. Cf. *N.* 37*b.* (de
1805). Moq. 713. Arg. 32 mm., t.b.c.-b.c.

39 — *Bonk de un sou* Cf. Moq. 543. Cat. Grogan 677. Cu. 20/17 mm.
20.5 gr. Beau-t.b.c.

40 — Idem. module plus petit. Cu. 13/18 mm., 14 gr. Beau-t.b.c.

41 — *Bonk d'un* $\frac{1}{2}$ *sou.* *N.* 49. Légère var. de Moq. 538. Cu.
13/12 mm., 7 gr. Beau. Fort rare. *Voir la reproduction.*

42. 1806. *Roupie,* comme le n. 38. Cf. *N.* 37*b* (de 1805). Moq. 721.
Arg. 31 mm. t.b.c.

43 — *Roupie* pareille, var. de gravure. Moq. 725. Arg. 32 mm. Belle.

44 — ½-*Roupie* fr. à Batavia, *N.* 38 Moq. 722. Arg. Superbe. *Voir
la reproduction.*

45 — *Bonk de 2 sous.* Moq. 548. Cu. 27/20 mm., 33 gr. Morceau de
métal très rude aux côtés. Beau, rare.

46 — *Duit* fr. à Sourabaia ✸ — JAVA — 1806. Rev. ❈ Moq. 583.
N. 50, et var. avec ✸ et 1806. Moq. 585. Cu. **2 ps.** belles.

47 1807. **Roupie d'or** fr. à Batavia. type du no. 34. Moq. 707. Type
N. 31. Or. 19 mm., 8.1 gr. F.d.c. Extrêmement rare. *Voir la
reproduction.*

48 — *Bonk de un sou.* Cat. Steph. —. Cat. Grog. 687. Moq. 549.
Cu. 14/16 mm., 17.8 gr., b.c. Rare.

49 — *Duit* fr. à Sourabaia. Moq. 586 et var. Cu. **2 ps.** belles.

Monnaies fr. aux Pays-Bas.

Enkhuizen.

50 1802. **Essai en or du Florin au navire,** MO: ARG: ORD: FŒD:
BELG: HOL: ✱ (m.m. de Hessel Slijper). Écusson couronné des
Pays-Bas entre 1—G Rev. INDIÆ BATAVORUM -- *fleuron* (1802)
fleuron. Un trois-mâts. Tranche striée. *N*. 32. Or. 33 mm., 12.3 gr.
F.d.c. Extrêmement rare. *Voir la reproduction.*

> Ces monnaies au navire étaient destinées pour la *Cap de la Bonne
> Espérance,* où elles ne furent pas admises et alors envoyées aux Indes.

51 — **Essai en or du ¹/₂-Florin au navire,** Même type. *N*. 33. Or.
28 mm., 6.1 gr. F.d.c. De la plus haute rareté. *Voir la reproduction.*

52 — **Essai en or du ¹/₄ Florin au navire.** Même type. *N*. 34. Or
28 mm., 3.4 gr. F.d.c. De la plus haute rareté. *Voir la reproduction.*

53 — *Florin* au navire, type du n⁰. 50. *N*. 32. Arg. F.d.c.

54 — *Florin* pareil. Var. de *N*. 32, la pointe du grand-mât se trouve
entre A et T et le pavillon du mât de misaine se dirige vers le V
de BATAVORUM Rev. Œ de FŒD se trouve sous la pointe de
l'écu. Arg. Beau.

55 — ¹/₂-*Florin* au navire, même type. *N*. 33. Arg. Beau.

56 — ¹/₄ *Florin* au navire, même type. *N*. 34. Arg. F.d.c. et beau.
3 ps. var.

57 — ¹/₈ *Florin* pareil *N*. 35 et var. ¹/₁₆ Fl. *N*. 36 et var. Arg. F.d.c.
4 ps.

58 — *Florin* au navire (2), ¹/₂, ¹/₄, ¹/₈, ¹/₁₆ Florin, même type. Arg.
Beau et f.d.c. — 6 ps.

59 — *Essai de la Dute,* fr. en arg. L'écu couronné des Pays-Bas entre
5 — ¹/₁₆: en bas G. Rev. ✱ — INDIÆ — BATAV: — 1802.
N. 39. Verk. pl. 202, 6. Moq. 228. Arg. Très belle.

> Destinées au Cap ces dutes portent l'indication 5 = ¹/₁₆ G., mais aux
> Indes elles furent mises en circulation pour 6 = ¹/₁₆ florin, plus tard
> pour 8. Voir Moq. p: 189.

60 — *Dute* pareille. ¹/₂-*Dute,* même type, 5 — ³¹/₂. *N*. 39 et 43. V.
202.6.7. Moq. 228. 229. Cu. Belle et F.d.c. 2 ps.

61 — *Dute,* ancien type. Ecu couronné de Hollande. Rev.   ; en haut
● ✱ ●; en bas, 1802 *N*. —. Moq. 227. Cu. F.d.c. *Dute* pareille,
en laiton. Cu. t.b.c. fausse (?).

62 — *Dutes* avec 5 — ¹/₁₆, type du n⁰. 59, 1803, t.b.c.. 1804, très belle,
1805, belle-t.b.c., 1806, belle, 1807, très belle. Cu. 5 ps.

63 1804. ¹/₂-*Dute* avec 5 — ³¹/₂ type du n⁰. 60. Cat. Grogan —.
Cu. Belle. rare.

64 1804. ½-*Dute* pareille, t.b.c. 1806, ½-*Dute* pareille, t.b.c.-b.c. Cu. 2 ps.

65 1805, 1806, 1807 ½-*Dutes* pareilles. Cu. superbe et belles. 3 ps. La dernière rare.

Dordrecht.

66 1802. *Dute* à l'ancien type. ● ⚘ ● au-dessus de ⚑. 1803. *Dute* pareille. Malfrappée. Cu. Belles. 2 ps.

Harderwijk.

67 1802. *Dute*, ancien type. IN DEO·EST·SPES·NOSTRA. Écu couronné de Gueldre Rev. *épi de blé*, ⚑ et date. N. 41, Moq. 242. Cu. Superbe.

68 1803. *Dute* pareille. Le 0 de la date oblique. Cu. F.d.c.

69 — *Dute* pareille. 0 régulier. Cu. t.b.c.

70 1804. *Dute* pareille. Date comme Moq. 241 f. Cu. t.b.c. Date rare.

71 1805. *Dute* pareille; var. avec tranche striée, var. avec grand 0 oblique dans la date, belles et var. avec 0 plus petit, t.b.c. Cu. 4 ps.

72 — *Dute* pareille avec date fautive **1085**. N. 108. Moq. 244. Cat. Grogan —. Cu. Superbe et très rare.

73 1806. *Dute* pareille, 2 var. dans la m.m. Cu. F.d.c. 2 ps.

Kampen. (Marque monétaire: aigle).

74 1803. *Dute* N. 42, 2 légères var., avec 1803. Cf. Moq. 234, f.d.c. et très belle, var. avec 1803, cf. Moq. 233, très belle et t.b.c. Cu. 4 ps.

75 1804. *Dutes* pareilles. Moq. 235. 2 légères var.. 236, 234 236, 235/236, et 236 var. Cu. belle et t.b.c. 6 ps.

76 1805. *Dute* pareille. Moq. 237 et var. et avec lég. plus espacée (2 var.). Cu. 4 ps. belles.

77 1806. *Dutes* pareilles. 3 ps. légères var. 1807. *Dute* pareille. Moq. 238. Cat. Grogan. —. Cu. Belles 4 ps.

ROYAUME DE HOLLANDE. LOUIS NAPOLÉON 1806—1809.

(Aux Indes depuis janvier 1808 jusqu'en août/octobre 1811.)

Monnaies frappées aux Indes.

78 1808. *Dute* ⚑ Rev. JAVA — 1808. Var. de Moq. 587/9. 1809. *Dute* L·N. 3 var. Cu. t.b.c. 4 ps.

79 1809. *Dute* ⚑ Rev. JAVA — 1809, 2 var. de Moq. 592. Cu. Belle et t.b.c. 2 ps.

80 1809 *Dute*. L·N. Rev. comme du n°. précédent. Cu. Belle-t.b.c.

81 1810. *Bonk ou lingot de 2 sous.* Cf. Moq. 557. N. 54^b. Cu. 22/12 mm.,
16,4 gr. t.b.c. Rare.

82 — *Bonk de 1 sou.* N. 55, Moq. 556, mais de forme bizarre. Cu.
21/14 mm., 14,8 gr. t.b.c.

83 — ¹/₂ *Sou*, avec monogr. de £ JC *surmonté* de ½ St Rev. ✶ — JAVA —
1810 — z. Des deux côtés, une couronne de feuilles au pourtour.
N. —. Moq. 604*b*. Cu. Beau-t.b.c. **De toute rareté.** *Voir la
reproduction.*

    Manque aux collections Stephanik et Grogan, et aux autres grandes
collections.

84 — ¹/₂ *Sou*, avec monogr. £ JC entre ½ — St. N. 57. Cu. Beau-t.b.c.
— 2 ps.

85 — *Dute* avec monogr. £ JC Cf. Moq. 595 sq. N. 60^a. Cu. 3 ps. belles.

86 — *Dute* JC Rev. JAVA — 1810. Moq. 593. Cu. Belle-t.b.c.

87 — *Dute* pareille avec date 8181. Moq. 618. Cu. Belle Rare.

88 — *Dute* L · N. Rev. JAVA — 1810. Moq. 544. Cu. 5 ps. var.

89 — *Dute* pareille, avec N à rebours. Cu. Belle.

90 — *Dute* pareille, avec L· N. Rev. avec date 1818. Moq. 620. Cu. Belle.

91 1811. ¹/₂-*Sou*. type du n°. 84 (2) Beau et t.b.c. *Dute*, type du
n°. 85 (3) Belle et t.b.c. Cu. 5 ps.

92 *Monnaies fr. aux Pays-Bas.* 1808, *Dute* et ¹/₂ *Dute* (2 var.) fr. à
Enkhuizen, avec 5 — ⅟₁₀ — G et 5 — ⅟₂ — G et ¹/₂-*Dute* pareille
de 1809. Cu. 4 ps. très belles.

GOUVERNEMENT ANGLAIS 1811 — 1816.

(aux Indes depuis août/octobre 1811 jusqu'en juin 1817).

93 1811. ¹/₂-*Sou* à la marque coriforme de la compagnie anglaise
(*bale mark*); en haut, B: aux côtés ½ — St Rev. ✶ — JAVA 1811 — z
Type N. 67. Atk. 12. Var. de Moq. 502/3, le *bale mark* plus petit.
Cu. *Superbe conservation.* Rare. *Voir la reproduction.*

94 — ¹/₂-*Sou* pareil. Cf. Moq. 503, le *bale mark* plus grand. Cu. Beau.

95 — ¹/₂-*Sou*. Rev. Légende et date *à rebours* Cf. Moq. 507. Cu. Beau.
Rare.

96 — *Dute*. Le *bale mark* surmonté de B Rev. ✶ — JAVA — 1811 — z
Type N. 68. Atk. 16. Var. de Moq. 495/6. Cu *Fleur de coin.* *Voir
la reproduction.*

97 — *Dute* pareille Cf. Moq. 494. Cu. t.b.c.

98 1812. ¹/₂-*Sou*. Type du n°. 93, Atk. 13. Cu. 2 var. de gravure, belles.

99 — ¹/₂-*Sou* pareil. 7 ps. var. de gravure. Belles-t.b.c.

---

¹) James Atkins. The coins and tokens of the Possessions and Colonies
of the British Empire. London 1889.

8

100 1812. *Date*. Type *N*. 68. Atk. 17. Cf. Moq. 497. Quelques var. avec
☆ et * et ⸶ Cu. 3 ps. belles.

101 — *Date*, sans m.m. z au revers. *N*. —. Atk. —. Moq. 498. Cu. Très
belle. Rare.

102 1813. *Roupie* fr. à Sourabaia, avec date fautive 1668 pour 1228 de
l'Hégire. Inscriptions en *persan* „*Monnaie de la Compagnie anglaise,
frappée dans l'île de Java*" Rev. en javanais „*Compagnie anglaise,
fabriquée à Sourabaia;* en haut, une fleur à cinq pétales; en bas,
m.m. z. (Zwekkert). Var. de gravure d' Atk. 4 et *N*. 64. Moq.
481. Arg. Belle.

103 — *Roupie* pareille. Les chiffres de la date plus petits. Cf. Atk. 4
et *N*. 64. Var. de Moq. 480. Arg. Très belle.

104 — *Roupie* pareille. Les chiffres de la date encore plus petits. Var.
de Moq. 483. Arg. Superbe.

105 — $\frac{1}{2}$-*Roupie*, avec date fautive 1668 pour 1228. Cf. *N*. 65, Atk. 8.
Moq. 492. Arg. Belle.

106 — $\frac{1}{2}$-*Sou*. Atk. 14. *N*. 67. Moq. 504. Cu. Beau-t.b.c. Rare.

107 — $\frac{1}{2}$-*Sou* pareil, var. de gravure. Cu. Beau. Rare.

108 — $\frac{1}{2}$-*Sou*. imitation barbare. Cf. Moq. 507, mais avec ʮ et ⸶ N
— VΛV — ʐ 181ƻ Cu. Beau. Rare.

109 — *Date* en étain, fr. à Batavia ᴇV͡c — 18 — 13 Rev. ❋ 1 ❋ —
DOIT — JAVA — ❋ *N*. 69. Atk. 19. t.b.c.

110 1814. **Roupie d'or fr. à Sourabaia.** Lég. persane „*Monnaie de
la Compagnie anglaise, frappée dans l'île de Java. Année 1229*".
Rev. 1814, lég. javanaise „*Compagnie anglaise — fabriquée à l'île
de Java*" et *Z* (initiale de Zwekkert). Var. de gravure de Moq.
n°. 474. Atk. p. 213, n. 1. Var. de *N*. pl. VIII, 62 (de 1815). Or,
22 mm., 7.8 gr. Superbe pièce à f.d.c. **Extrêmement rare.** *Voir
la reproduction.*

111 — $\frac{1}{2}$-*Roupie*, type du n°. 102, avec date 1229 de l'Hégire. Cf.
N 65. Atk. 9. Cf. Moq. 493. Arg. Belle.

112 — *Sou*. Le *bale mark*, surmonté de B et accosté de I — St Rev.
★ — JAVA — 1814 — z Tranche striée. Type *N*. 66. Atk. 10.
Moq. 499. Cu. t.b.c. Fort rare.

113 — *Sou* pareil, date plus grande. Cu. t.b.c. Fort rare.

114 — $\frac{1}{2}$-*Sou*, même type. Atk. 15. Cu. t.b.c. et a.b.c. 2 ps.

115 — $\frac{1}{2}$-*Sou*, même type. Atk. 15. Cu. t.b.c., b.c. et a.b.c. 3 ps.

116 1814. *Dute* en étain fr. à Batavia, type du n°. 109. Atk. 20. Moq. 505. Superbe. Rare. *Voir la reproduction.*

117 — *Dute* pareille. Etain. t.b.c.

118 1815. *Roupie* avec la date 1230 de l'Hégire. Atk. 6. Var de Moq. 486, l'annelet plus éloigné de la m.m. z. Arg. Très belle.

119 — *Sou*, type de n. 112. Atk. 11. Cu. b.c. Fort rare.

120 — *Sou* pareil. Légère var. Cu. b.c. Fort rare.

121 — $^1/_2$-*Sou*. Atk. —. Type N. 67. Cu. t.b.c. Date rare.

122 1817. *Roupie* avec la date 1232 de l'Hégire, et l'initiale M du graveur Maïmin sur la grande lettre *b* du mot persan *dhouriba*. Atk. 7. Moq. droit n. 491. rev. 490 B. Arg. F.d.c.

GOUVERNEMENT NÉERLANDAIS, DEPUIS AOÛT 1816.
Monnaies frappées aux Indes.

123 1818. *Lingot* ou *Bonk de 2 sous*, fr. à *Sourabaia* **2 S$\underline{t}$** Rev. **1818** Des deux côtés dans un rectangulaire linéaire. Cf. N. 88. Var. de Moq. 576, surtout dans la forme du 2. Cu. 24/22 mm., 42,1 gr. Beau et plus lourd que d'ordinaire.

124 — Idem, var. valeur plus petite. Cu. 22/20 mm., 28,4 gr. Très beau. *Voir la reproduction.*

125 — Idem, Moq. 576. Cu. 22/19 mm., 27,5 gr. Très beau.

126 — Idem, var., lingot plus long. Cu. 31/15 mm., 18,9 gr. Superbe. *Voir la reproduction.*

127 — Idem, morceau linguiforme, coupé de l'extrêmité du lingot. La valeur à rebours. Type Moq. 577. Cu. 22/18 mm., 17,6 gr. Beau. Rare.

128 — *Bonk de 1 sou*. Même type. Cf. Moq. 571. N. —. Cat. Grogan 898. Cu. 16/16 mm., 13,3 gr. Beau-t.b.c.

129 — *Bonk de 1 sou*. Var. le t de I S^t placé plus haut. Cu. 19/13 mm., 12,1 gr. Beau. *Voir la reproduction.*

130 — *Bonk d'un $\frac{1}{2}$ sou*. Même type. N. 89. Cf. Moq. 568. Cu. 14/12 mm., 6,6 gr. Beau. Rare. *Voir la reproduction.*

131 1818. $^1/_2$-*Sou* fr. à Sourabaia. Ecusson à double contour sous une couronne entre $\frac{1}{2}$ — S$\underline{t}$. — G. Rev. ✳ — INDIE — BATAV: 1818. Cf. N. 90. et V. 202*, 2. Moq. 291, 292 et var. Cu. t.b.c. et b.c. 5 ps.

132 — *Dute*, même type. avec 5 — $\frac{1}{16}$ — G. Cf. Moq. 310—312. Cu. t.b.c. et b.c. 5 ps.

133 — $^1/_2$-*Dute*, même type, avec 5 — $\frac{1}{32}$ — G. Cf. Moq. 332/3. Cu. Belle. Rare.

134 1819. *Bonk de 2 sous*. La queue du chiffre 9 incomplète. Cf. Moq. 581. Cu. 26 22 mm., 42,2 gr. Beau. Rare.

135 — *Bonk* pareil. Var. de Moq. 582, chriffres un peu plus grands. Cu. 25/22 mm., 43,5 gr. t.b.c. Rare.

136 --- *Bonk* pareil, plus petit. Moq. 582. Cu. 22/20 mm., 27 gr. t.b.c. Rare.

137 — 1/2-*Sou*, type du n°. 131. Cf. Moq. 292. Cu. Beau.

138 — 1/2-*Sou* pareil. Cu. t.b.c. 2 ps. var.

139 1820. 1/2-*Sou*, pareil. Cf. Moq. 293, et sans G sous l'écu. Cf. Moq. 294, 295. Cu. 3 ps.

140 — 1/2-*Sou* pareil. Var. de Moq. 294 et Moq. 295. Cu. 2 ps. Très belles.

141 — *Dute*, type du n°. 132. Moq. 315 sq. Cu. 3 ps. Belles.

142 1821. 1/2-*Sou*. Moq. 297, 302*a* (2), 302*b* (2). *Dute*. Moq. 320, cf. 319 (2), armoiries à simple contour, 326 et var. 1/2-*Dute*. Cf. Moq. 336*b*. Cu. t.b.c. 12 ps.

143 1822. 1/2-*Sou*. Armoiries comme Moq. 302*a*, comme 304 (à simple contour), idem var. avec S *plus* petit. 3 ps. *Dute*. Cf. Moq. 327. 2 ps. var., 1/2-*Dute*. Cf. Moq. 342. Cu. t.b.c., 6 ps.

144 1823. 1/2-*Sou*. Cf. Moq. 305 (2 var.) et 2 autres. Cu. t.b.c. 4 ps.

145 1824. 1/2-*Sou*. Moq. 307. Cu. Beau-t.b.c. Date rare.

146 1825. 1/2-*Sou*. Cf. Moq. 308 et 2 var. Cu. 3 ps. Belles.

147 1826. 1/2-*Sou*. Moq. 309. Cu. t.b.c. Rare.

148 — *Dute*. Moq. 331. Cu. t.b.c. Rare.

149 1833. 2 *Cents*. Ecu couronné entre 2 — C<u>T</u> Rev. ✱ — NEDERL. — INDIE — 1833 — D. Frappe soignée. *Essai*. Cu. 26 mm. F.d.c. Rare.
      Le D est l'initiale de Demmenie, directeur de „'s Lands Constructie- winkel" à Sourabaia ou bien celle de Domis résidant de Sourabaia.

150 — 2 *Cents* pareil. Moq. 344. Cu. 25 mm. Beau.

151 — 2 *Cents* pareil. Var. de Moq. 344. t.b.c. *Cent* même type. Moq. 396/7, beau et b.c. Cu. 3 ps. Les dernières rares.

152 — 2 *Cents* pareil. m.m. V. Cf. V. 91. Droit type Moq. 344 et 346 et *Cent* m.m. V. Var. de Moq. 396. Cu. t.b.c. 3 ps.

153 1834. 2 *Cents*, même type. Moq. 353 et var. Cu. Beaux et t.b.c. 3 ps.

154 — *Cent*, même type. Avec la couronne comme Moq. 398, 399 et 400 (3 var.) et *Cent* fort intéressant avec l'indication 2 — C<u>T</u> (inédit). Cu. t.b.c. 4 ps. Le dernier rare.

155 1835. 2 *Cents*, même type. Moq. 359 et var. (4) b.c. et t.b.c. *Cent*. Moq. 401 (2 var.) et cf. 402 (2 var.) Beau, t.b.c. et b.c. Cu. 8 ps.

156 1836. *2 Cents*. Cf. Moq. 360 (4 var.). Beaux-t.b.c. *Cent*. Cf. Moq. 407, 408. 4 ps. Belles. Cu. 8 ps.

157 1837. *2 Cents*. Var. de Moq. 361 avec des o—o—o—o dans la couronne (2 var.). Beau et t.b.c. *Cent* pareil. Cf. Moq. 410, et 413 (3 var.). Beaux. Cu. 6 ps.

158 — *Cent* pareil, m.m. C (du maître monétaire *ad interim* N. Coblijn). Moq. 412/409 B. Cu. b.c.-a.b.c. Fort rare.

159 — *2 Cents* pareil, m.m. J (L. J. Jeekel). Moq. 362 (revers). Moq. 361/369. Moq. 362/369 et Moq. 369 (revers). Beaux. *Cent*, m.m. J. Cf. Moq. 411, couronne 417 et 421, Cf. Moq. 415, couronne 417 et 421 (3 var.). Cu. 10 ps. Belles et t.b.c.

160 1838. *2 Cents*, même type. Moq. 372, 374, 376, 378, 379. *Cent*, même type. Moq. 425—428, 432, 435 var. (2 ps. var.), et 436. Cu. La plupart beaux — 14 ps.

161 1839. *2 Cents*, même type. Moq. 377, 384, 387 var. (2 ps. var.), 388 et var. *Cent*, même type. Moq. 429, 433, 440, 442, 442 var., 444, 445, 447 et 2 var. Cu. t.b.c. 16 ps.

162 — *2 Cents*, m.m. W (C. H. Willmans). Var. de Moq. 389, et de 390. *Cent*, même type. Moq. 444, 445, 452, 452 var., et 2 autres var. Cu. 8 ps. Belles et t.b.c.

163 1840. *2 Cents*, même type. Cf. Moq. 390 (5). *Cent*, même type. Cf. Moq. 445, 454 (3 var.), 456, 457, 460, et 3 var. Cu. La plupart beaux. 15 ps.

164 1841. *2 Cents*, même type. Moq. 393. Beau et var. de Moq. 392. Très belle. Cu. 2 ps. Fort rares.

165 (1840—1843). *Double dutes* (2 var.), *Dutes* (5 var.), *½-Dute*, ancien type d'Utrecht; m.m. ✳ Moq. 245, 254 et p. 204. Cu. Belles et superbes. Lot de 8 ps.

> M. Moquette suppose que les ½-dutes ont été frappées en essai à la Monnaie d'Utrecht, elles sont extrêmement rares. Moquette p. 204.

166 -- *Double dute*, flan plus grand. Imitation indigène. Cu. 27.5 mm. t.b.c. Intéressante.

167 — *Dute*. Essai en argent et en piéfort, au même type, frappée en virole et avec grènetis des deux côtés. Arg. 23 mm., 1,8 gr. Superbe. Extrêmement rare. *Voir la reproduction*.

168 — *Cent* ou *Dute*. Ecu couronné des Pays-Bas, entre 1—CT (l'écu est celui des ¼-sou fr. à Utrecht depuis 1822, Moq. 276). Rev. ✳ : en haut, ✳ ; en bas. 17—90, comme Moq. 254. Cu. Superbe et fort rare. *Voir la reproduction*.

Monnaies fr. aux Pays-Bas.

169   1814. *Dute* au type du n. 59. Ecusson couronné des Pays-Bas,
à double contour, entre 5 — $\frac{1}{16}$ — G Rev. • ✳ • — INDIÆ —
BATAV. — 1814 — *H:* (de Heus à Amsterdam). Moq. 256. Fonr.
637. Manque à toutes les autres collections, y comprise celle de
Batavia. Cu. t.b.c. Rarissime. *Voir la reproduction.*
   Lire à ce sujet Moquette. Tijdschr. v. Ind. Taal en Letterk. (1907)
   p. 326.

170   1815. *Dute*, même type. Moq. 257, 258, 259, t.b.c. et b.c. Cu. 3 ps.

171   — $\frac{1}{2}$-*Dute* même type. Moq. 266*b*/267. Cu. Belle. Rare.

172   1816. *Dute*, même type. Cf. Moq. 263, 264. Cu. 2 ps. Belles-t.b.c.

173   — $\frac{1}{2}$-*Dute*, même type. Cf. Moq. 270. Cu. t.b.c. Rare.

174   — *Dute*, même type, mais avec m.m. S (Suermondt à Utrecht). Moq.
273. Belle. $\frac{1}{2}$-*Dute*, même émission. Moq. 274, t.b.c. Cu. 2 ps.
Rares.

175   (1817). *Dute* dite à l'enfant au maillot, à l'ancien type d'Utrecht.
Arm. de la ville. Rev. m.m., ⚓ et date. Cf. Moq. 250/251. Cu.
Superbe.

176   — *Dute* pareille. Belle-t.b.c. 1822, 23, 25, $\frac{1}{8}$-*Sou*, t.b.c. et b.c. Cu.
4 ps.

177   1821. *Gulden* (Florin) WILLEM KONING etc. Buste nu à dr.;
au-dessous, une ancre. Rev. MUNT VAN HET KONINGRYK etc.
Ecusson couronné des Pays-Bas; en bas, à g. *flambeau*, m.m. de
Suermondt; à dr. un *caducée*, m.m. de la Monnaie d'Utrecht.
N. 74. V. 203,1. Arg. F.d.c.

178   — $\frac{1}{2}$-*Sou*. Ecusson couronné entre $\frac{1}{2}$ — S^T Rev. ✳ — NEDERL.
—INDIE—1821—S. N. 80. Moq. 275. Cu. 25 mm. Beau.

179   1822. $\frac{1}{2}$-*Sou*, même type. *Epreuve frappée sur flan plus large.*
Gravure soignée. Cu. 27 mm. Superbe. Rare.

180   — $\frac{1}{4}$ et $\frac{1}{8}$-*Sou*, même type. Cf. N. 82 et 85. Moq. 276 et cf. 281
Cu. 2 ps. Belles.

181   1823, 24, 25, 26. $\frac{1}{2}$-*Sou*, même type. Cu. 4 ps. Belles.

182   1824. 1826. $\frac{1}{2}$-*Sou* pareil. Cu. 2 ps. *Fleur de coin.*

183   1826. $\frac{1}{2}$-*Sou*, 2 exempl. faux, beau et t.b.c. et un exempl. uniface,
incuse au rev. t.b.c. 1841 $\frac{1}{2}$-*Sou* faux? Lire Moq. p. 333. Beau
Cu. 4 ps. Lot intéressant.

184   1823, 24, 25, 26. $\frac{1}{4}$-*Sou*, même type, t.b.c. (2) beaux (2) et 2 imita-
tations anglaises de 1826. Moq. 285, 286. Belles. 1823, 24, 25, 26.
$\frac{1}{8}$-*Sou*, même type. Cu. 10 ps.

185   1826. $\frac{1}{2}$-*Gulden* (Demi-florin). Buste nu à dr. Rev. Valeur etc.
m.m. *flambeau* 1826 *caducée*. Arg. F.d.c.

186   1826. Essai du $\frac{1}{4}$-*Florin*. Même type. Frappé sur flan bruni. Arg. Très beau.

187   1826, 27. $\frac{1}{4}$-*Florins* pareils. Arg. F.d.c. et beau. 2 ps.

188   (1827). *Dute* à l'ancien type d'Utrecht; m.m. · ✶ · Moq. 253. Manque au cat. Grogan et var. avec demi-cercle au centre de l'écusson. Moq. 249. Cu. 2 ps. Belles.

189   1834. $\frac{1}{2}$ et $\frac{1}{4}$-*Florin*, type de 1826. Arg. Beau et f.d.c. 2 ps.

190   1836. Essai en argent de la pièce de $\frac{1}{4}$-*Sou*, Ecusson couronné entre $\frac{1}{4}$—S^{T}, la bande de la couronne avec ☽ ∴ ☉ ∴ ☉ ∴ ☉ ∴ ☾ Rev. ✶ — NEDERL. — INDIE — 1836 — s. Inconnu à Moquette etc. Arg. 21 mm. F.d.c. Extrêmement rare. *Voir la reproduction.*

191   — Essai d'un $\frac{1}{4}$ *Sou* pareil. L'écusson comme Moq. 278, la bande de la couronne ✦·✦·✦·✦·✦·✦ *Frappé sur un cent des Pays-Bas au W, dont on voit encore les traces.* Cu. 23 mm. Superbe. Rare.

192   — $\frac{1}{4}$-*Sou* pareil, 3 var. Moq. 277 et 280, et avec petit S dans S^{T} comme Moq. 278. Cu. 3 ps. Belles.

193   S. d. *Dute au panier de fleurs*, dans une couronne. Rev. fleurons et MRCTH — WSOOCI — RTCWH —. Essai de frappe (,, *Werkproef*" d'après Moq. p. 336.). Moq. 289. Cu. Superbe. Rare.

194   1836. *Dute au lion naissant*, dans un écusson couronné, entre C—D Rev. ✶ ✿ ✶ -- SCHOON—NEDER—LANDE—1836. Var. de Moq. 284 avec date. Cu. F.d.c. Rare. *Voir la reproduction.*

195   1836. *Dute au cygne*, dans un écusson couronné, entre 18—36. Rev. ✱ — INDIE — NEDERL — ✱ ✱ Essai de frappe. N. 257. Moq. 283. Cu. F.d.c.

196   — *Dute* pareille. Cu. Belle.

197   — *Dute* pareille. Rev. anépigraphe. Pallas deb. N. —. Moq. —. Cu. Superbe. Extrêmement rare. *Voir la reproduction.*

198   — *Dute* pareille. Cu. b.c. Extrêmement rare.

199   1838. *Dute* au cygne. Type du n°. 195. N. —. Moq. —. Cu. F.d.c. Date fort rare. *Voir la reproduction.*

200   1839. *Gulden*, type du n°. 177, mais m.m. *fleur de lis* du maître de la Monnaie Poelman. Arg. F.d.c.

201   1840. *Gulden*, même type. Arg. F.d.c.

202   — $\frac{1}{4}$-*Gulden*, type du n°. 187. Arg. F.d.c.

Guillaume III, 1849—1890.

203   1854. $\frac{1}{4}$, $\frac{1}{10}$, $\frac{1}{20}$-*Florin*. Ecusson couronné Rev. lég. malaie. N. 77, 78, 79. Essais fr. sur flan bruni. Arg. Superbes 3 ps.

204   — $\frac{1}{4}$ et $\frac{1}{10}$-*Florin* pareils. Frappe courante. Arg. F.d.c. 2 ps.

205   1855. ¹/₄ et ¹/₁₀-*Florin* pareils. Essais fr. sur flan bruni. Arg. Superbes. 2 ps.

206   — ¹/₄-*Florin*, beau. ¹/₁₀-*Florin*, très beau, ¹/₂₀-*Florin*, f.d.c. Arg. 3 ps.

207   — *Cent.* **Essai non émis.** ✻ NEDERL. INDIE. ✻ Petit écusson couronné des Pays Bas, entre 18 — 55 et deux m.m. dans un cercle pointillé; en bas. 1 CENT. Rev. lég. javanaise et malaie. Cu. F.d.c. Fort rare. *Voir la reproduction.*

208   — Essai du *Cent* émis, avec NEDERLANDSCH INDIE · et écusson plus grand. Frappé sur flan bruni. Cu. Superbe.

209   — ¹/₂-*Cent.* même type. Essai fr. sur flan bruni. Cu. Superbe.

210   — ¹/₂-*Cent* pareil. *Couleur foncée.* Essai fr. sur flan bruni. Superbe.

211   — *Cent* et ¹/₂-*Cent.* Cu. Superbes. 2 ps.

212   1856. 2¹/₂-*Cent, Cent,* ¹/₂-*Cent.* Cu. F.d.c. Le ¹/₂-cent très rare.

213   — *Cent.* Essai fr. sur flan bruni. Cu. Superbe.

214   1856. ¹/₁₀-*Florin.* 1857. ¹/₄ et ¹/₁₀-*Florin.* Arg. 3 ps. Superbes.

215   1857. ¹/₁₀-*Florin.* 1858. ¹/₄-*Florin.* Essais fr. sur flan bruni. 2 ps. Superbes.

216   1857. 2¹/₂, 1 et ¹/₂-*Cent.* Cu. F.d.c. 3 ps. 1858. ¹/₄ et ¹/₁₀-*Florin,* t.b.c. et superbe. Arg. 2 ps.

217   1858. 2¹/₂-*Cent.* Essai fr. sur flan bruni. Cu. Superbe.

218   1858. 2¹/₂-*Cent,* t.b.c., *Cent,* très beau, ¹/₂-*Cent.* Superbe, rare. 1859. 1 et ¹/₂-*Cent.* Cu. F.d.c. 1860. *Cent.* Beau. ¹/₂-*Cent,* t.b.c. Cu. 7 ps.

219   1882. ¹/₄-*Florin.* Essai frappé sur flan bruni. Superbe. ¹/₁₀-*Florin.* F.d.c. Arg. 2 ps.

220   1884. ¹/₁₀-*Florin.* Essai frappé sur flan bruni. Superbe. ¹/₁₀-*Florin.* F.d.c. Arg. 2 ps.

221   1885. ¹/₄-*Florin.* Essai fr. sur flan bruni. Très beau et ¹/₁₀-*Florin.* F.d.c. Arg. 2 ps.

Wilhelmine, depuis 1890.

222   1890. ¹/₄-*Florin,* type précédent. Essai fr. sur flan bruni. Arg. Superbe.

223   1891. ¹/₄ et ¹/₁₀-*Florin.* Essais fr. sur flan bruni. Arg. 2 ps. Superbes.

224   — ¹/₄ et ¹/₁₀-*Florin* pareils. Frappe courante. Arg. F.d.c. 2 ps.

225   1893. ¹/₄ et ¹/₁₀-*Florin.* Essais fr. sur flan bruni. Arg. 2 ps. Superbes.

226   1893. ¹/₄ et ¹/₁₀-*Florin,* b.c. et f.d.c. 1896 ¹/₄ et ¹/₁₀-*Florin.* F.d.c. et t.b.c. Arg. 4 ps.

227   1896. ¹/₄ et ¹/₁₀-*Florin.* Essais fr. sur flan bruni. Arg. 2 ps. Superbes.

228   1896. 2¹/₂ *Cent* et *Cent.* 1897. 2¹/₂ *Cent* et *Cent.* Essais fr. sur flan bruni. Cu. 4 ps. Superbes.

229   1898. ¹/₄ et ¹/₁₀ *Florin.* Essais fr. sur flan bruni. Arg. 2 ps. Superbes.

230   — ¹/₄ et ¹/₁₀ *Florin.* F.d.c. 1900. ¹/₄ *Fl.* t.b.c. et ¹/₁₀ *Fl.* F.d.c. Arg. 4 ps.

231   1898. 2¹/₂ *Cent* et *Cent.* Essais fr. sur flan bruni. Cu. 2 ps. Superbes.

232   — *Cent* pareil. Essai d'une nouvelle composition, non adoptée, nommée „*chrysocalt*". Cu. jaune. Superbe. Fort rare.

233   — *Cent.* même type. Cu. Superbe. Y joint : 2¹/₂ *Cent* 1899 beau, 1902, t.b.c. *Cent* 1899, 1901, 1902, t.b.c. ¹/₂-*Cent* 1902, t.b.c. Cu. 7 ps.

234   1899. 2¹/₂-*Cent* et *Cent.* Essais fr. sur flan bruni. Cu. 2 ps. Superbes.

235   1900. ¹/₄ et ¹/₁₀ *Florin.* Essais fr. sur flan bruni. Arg. 2 ps. Superbes.

236   1900. **Essai d'un ¹/₄ Florin à la tête de la reine.** WILHELMINA KONINGIN — DER NEDERLANDEN. Tête diadémée à g. Rev. NEDERL. — INDIE. Ecu couronné entre ¼ — G ; en bas, la date entre m.m. hallebarde et bâton de Mercure. *Essai frappé sur flan bruni.* Arg. Superbe. Inédit. Extrêmement rare. *Voir la reproduction.*

237   1901. ¹/₄ *et* ¹/₁₀-*Florin.* Essais frappés sur flan bruni. Arg. 2 ps. Superbes.

238   — ¹/₄ *et* ¹/₁₀-*Florin.* Arg. F.d.c. et *Cent* fr. sur flan bruni. Cu. Très-beau.

239   1902. 2¹/₂, 1 et ¹/₂ *Cent.* Essais fr. sur flan bruni. Cu. 3 ps. Belle et superbes.

240   — **Essai en argent** de la pièce d'un ¹/₂ *Cent*; frappé sur flan bruni. Arg. Superbe. Extrêmement rare. *Voir la reproduction.*

241   1903. ¹/₄ et ¹/₁₀ *Florin.* Nouveau type des armoiries et de la couronne. Essais fr. sur flan bruni. Arg. 2 ps. Superbes.

242   1903. ¹/₄ et ¹/₁₀ *Florin.* F.d.c. 1904. ¹/₄ et ¹/₁₀ *Florin*, t.b.c. et f.d.c. Arg. 4 ps.

243   1904. ¹/₄ et ¹/₁₀ *Florin.* Essais fr. sur flan bruni. Arg. 2 ps. Superbes.

244   1905. ¹/₄ et ¹/₁₀ *Florin.* Essais fr. sur flan bruni. Superbes. 1905. ¹/₁₀ *Fl.* 1906. ¹/₄ et ¹/₁₀ *Fl.* f.d.c. Arg. 5 ps.

245   1906. ¹/₄ et ¹/₁₀ *Florin.* Essais fr. sur flan bruni. Arg. 2 ps. Superbes.

246   1907. ¹/₄ et ¹/₁₀ *Florin.* Essais fr. sur flan bruni. Arg. 2 ps. Superbes.

247   — ¹/₄ et ¹/₁₀ *Florin.* Arg. F.d.c. 2 ps.

248   — 2¹/₂ *Cent.* *Cent.* Essais fr. sur flan bruni. Cu. 2 ps. Superbes.

249   1907. $2^1/_2$ *Cent*, très beau. *Cent*, f.d.c. 1908. $2^1/_2$ *Cent*, beau. *Cent*, très beau. Cu. 4 ps.

250   1908. $^1/_4$ et $^1/_{10}$ *Florin*. Essais fr. sur flan bruni. Arg. 2 ps. Superbes.

251   — $^1/_4$ et $^1/_{10}$ *Florin*, t.b.c. et f.d.c. et $^1/_{10}$ *Florin*, variété avec *l'étoile plus grande* au commencement de la lég. du revers. F.d.c. Arg. 3 ps. la dernière fort rare.

252   — $2^1/_2$ *Cent*, *Cent*, $^1/_2$ *Cent*. Essais fr. sur flan bruni. Arg. 3 ps. Superbes.

253   1909. $^1/_{10}$ *Florin*. Essai fr. sur flan bruni. Arg. Superbe.
       Y ajouté : 1909 $^1/_4$ et $^1/_{10}$ *Florin*, superbe et très beau. Arg. 2 ps. $2^1/_2$ *Cent*. f.d.c. *Cent*, très beau. $^1/_2$ *Cent*, f.d.c. Cu. 3 ps.

254   1910. $^1/_4$ et $^1/_{10}$-*Florin*; 3me type : nouvelles armoiries et couronne, plus petites, caractères et chiffres de la valeur plus grands. Rev. lég. malaie en deux lignes. *Essai fr. sur flan bruni*. Arg. 2 ps. Superbes.

255   — $^1/_4$-*Florin*, beau $^1/_{10}$-*Florin*. f.d.c. 1911 $^1/_4$ et $^1/_{10}$-*Fl.* 1912 $^1/_4$-*Florin*. F.d.c. Arg. 5 ps.

256   1911. $^1/_4$ et $^1/_{10}$-*Florin*, même type. Essais fr. sur flan bruni. Arg. 2 ps. Superbes.

257   1912. $^1/_4$ et $^1/_{10}$-*Florin*. Essais fr. sur flan bruni. Arg. 2 ps. Superbes.

258   — *Cent*. Type précédent des monn. de cuivre. Essai fr. sur flan bruni. Cu. Superbe.

259   1913. $^1/_4$ et $^1/_{10}$-*Florin*. Essais fr. sur flan bruni. Arg. 2 ps. Superbes.

260   — 5-*Cent*, nickel au trou rond, accosté de 5—Ct et sous une couronne. fond d'épis de blé: en bas, NEDERLANDSCH —19—INDIE —13. Rev. Lég. javanaise et malaie et ornements javanais. *Essai fr. sur flan bruni*. Superbe. Rare.

261   — $2^1/_2$ *Cent*, type précédent des monn. de cuivre. Essai fr. sur flan bruni. Cu. Superbe.

262   1914. $2^1/_2$ *Cent* et *Cent*. 1921 $^1/_2$ *Cent*, *nouveau type*. Essais fr. sur flan bruni. Cu. Beau et superbes 3 ps.

263   1915. $^1/_4$ *Florin*. 1918. $^1/_{10}$ *Florin*. Essais fr. sur flan bruni. Arg. Superbes. 2 ps.

264   1917. $^1/_4$ *Florin*. Arg. Superbe.

265   1919. $^1/_4$ et $^1/_{10}$ *Florin*. Essais fr. sur flan bruni. Arg. 2 ps. Superbes.

266   1921. $^1/_4$ *Florin*. Essai fr. sur flan bruni. Arg. Superbe.

267   — 5 *Cents* au trou rond. Type du n°. 260. Essai fr. sur flan bruni. Nickel, f.d.c. Rare.

268   1922. 5 *Cents* au trou rond. Essai fr. sur flan bruni. Nickel, f.d.c. Rare.

Bornéo.

269 **Bandjermassin.** *Dute* à écusson couronné: Ecartelé en sautoir, de couleur de fer et argent, entre ⁂ — ⁑ Rev.; ⚲ en bas, · I ♥ I · Cat. Grogan 929. Droit, cf. Moq. n. 75, rev. n. 37. Cu. t.b.c. Rare.

270 *Dute* à armoiries semblables inscrites. *Ma-sa* en malais; à g. s Rev. ⚲; en haut, · ⊛ ·; en bas, S ʜ — ГI pour 1772? Cf. Moq. n. 48. Cat. Grogan n. 928. Cu. b.c. Rare.

271 *Dute* à l'écu de la ville d'Utrecht tenu par deux lions. Rev. ⚲ et date 1791. Var. de Moq. 69 (sans date). Cu. droit b.c. rev. t.b.c. Rare.

272 *Dute* à l'écu de Westfrise, fort barbare. Rev. ⚲. Voir Moq. n. 29. Frappé sur un $^1/_4$ *Sou* de 1826 dont de légères traces sont encore visibles. Cu. t.b.c. Fort intéressante.

273 *Dute*. Imitation d'une dute de Zéelande. Ecusson au lion marchant à g. (sic) sur des ondes. Rev. ⚲ surmonté de ✳ Cu. t b.c. Inédite. Fort intéressante.

274 **Brounai** (Brunei) A. H. 1280 (1863) Padjong érigé entouré d'arabesques. Rev. Inscr. malaie d'après le Cat. B. G. [1]) p. 75 n. 171. *„Inilah doeit prentah kompeni terkasih belandja negri Broenai tarich 1280"*. Etain 29 mm. t.b.c. Fort rare.

275 A.H. 1304 (1887) Cent. Cat. B. G. 172. Cu. t.b.c.

276 **Labouk,** *20, 50 Cents* et *1 Dollar*, avec LABUK BRITISH NORTH BORNEO. Valeur en anglais. Rev. valeur en chinois. Cat. B. G. 390—392. Cu. F.d.c. 3 ps.

277 The Labuk Planting Company Limited. *20, 50 Cents, 1 Dollar*. Essais en argent de poids fort. Lég. anglaise et chinoise. Cf. Cat. B. G. 375—377. Arg. F.d.c. 3 ps. Rares.

278 — *20* et *50 Cents*. Cat. B. G. 377-376. Cu. et Nickel 2 ps. F.d.c.

279 **Malouka.** Alexandre Hare. 1812—1817. *Dute*. Des deux côtés un bouclier coriforme, à l'avers avec inscr. *„Douit matsrouf"*, au rev. avec 1813 et 1228 en chiffres arabes. N. 71. Moq. pl. VIII, 2, et 3 var. et pl. VIII. 7. Cu. 5 ps. belles. Série rare.

280 Pièce semblable, contrem. d'une figure à huit rais, Moq. pl. VIII, 15 Cu. b.c.

281 *Dute*. Eventail éployé; dessous, date arabe 1227 = 1812. Rev. ⊛ I ⊛ — *„douit"* en arabe. N. 70. Moq. pl. VIII. 10. Cu. Beau. Rare.

282 *Dute* Dans un écusson coriforme surmonté d'un 4 *„douit, 1228"* en arabe. Rev. Fleur. N. 72. Moq. pl VIII. 12, et var. Moq. 11, avec contremarque Moq. 16. Cu. Belle et t.b.c. 2 ps. Rares.

283 *Dute*. Date en arabe 1228 dans une couronne. Rev. ✳ I ✳ — *„douit"* en arabe — ✳ ⊛ ✳ N. 73. Moq. 13. Cu. t.b.c. Rare.

---

[1]) Cat. B. G. = Catalogus der Numismatische Verzameling van het Bataviaasch Genootschap van Kunsten en Wetenschappen, door Mr. J. A. van de Chijs. Batavia--'s Hage 1896.

284   *Duïe*, comme le n°. 279. Belle. *Duïe*, comme le n°. 281, contrem. d'une figure à huit rais, Moq. pl. VIII. 16. t.b.c. *Duïe* Moq. 11. même contremarque, b.c. Cu. 3 ps.

285   **Pontianak.** Schérif Kasim 1808—1819. *Duïe* A.H. 1226 = 1811. Balance et mot arabe *'adel* (juste) Rev. „*Belandja Pontianak Mampawa seneh 1226*" en arabe. *N.* 243. Mi. [1]) 264. Cu. t.b.c. Rare.

286   **Sambas** (Montrado). Les colons chinois. Monnaie du *Kong-si* (société anonyme) „Tai-Kong" (de la grande rivière) en quatre caractères chinois. Rev. „Hô-sjoun" (concorde et obéissance). Mi. 258. *N.* 247. Etain 32 mm. t.b.c.-rare. Y joint, monnaie semblable d'un autre *Kong-si*, monnaie semblable de Banka (?) et une pièce plus moderne. Etain 4 ps.

287   **Sandakan.** Entreprise du „Sandakan Tobacco Company Limited" *10* et *50 Cents.* Cat. B. G. 370, 369. *Dollar.* Cat. B. G. 368 var. module du 50 Cents. Cu. F.d.c. 3 ps.

288   **Sarawak.** *Cents* 1863, 1870, 1892. Brit. N. Borneo Comp. *Cent* 1886. Cu. 4 ps. belles.

Celebes.

289   *Kèpeng* au soleil, avec date 1804, date 1250 A.H. = 1834/5. et lég. bouguie Rev. Armes de la compagnie anglaise ISLAND OF SULTANA. Ell. [2]) 4. Atk. 2 (page 230 Labuan). *N.* —. Cu. épais Beau-t.b.c. Rare.

290   *Kèpeng* au soleil. Uniface. Cu. Beau. Indédit.

291   *Kèpeng* au coq A.H. 1250=1834/5. Rev. Rose et lég. bouguie. *N.* 253. Ell. 13. Cu. Beau et t.b.c. 5 ps.

292   *Kèpeng* au coq pareil. Var. seulement *Tanah malaiou* au-dessus du coq. *N.* 254. Ell. 12. Cu. 2 ps. var. Belles.

293   *Kèpeng* 1250 = 1834/5, à lég. bouguie, des deux côtés et à la date 1250. Ell. 39. *N.* 255. Cu. Beau et b.c. 2 ps.

Java.

294   **Bantam.** Moulana Mohammed 1580—96. *Pitji*. Mi. 112. *N.* 169. Cu. Beau-t.b.c.

     Y ajouté: Chéribon. Pitji, avec CHERIBON Mi. 118/9. Cf. *N.* 175. Etain 2 ps.

Madoura.

295   **Soumanep.** *Réal-batou*, ou Peso hispano-américain barbare, contremarqué d'une *fleur à 8 pétales* et de trois autres petites contremarques. Lire *N.* p. 160. Arg. Belle et rare. *Voir la reproduction.*

296   *Réal-batou* ou peso mexicain, contremarqué d'une croix dans un cercle creux. Lire *N.* p. 160. Arg. Belle et rare.

[1]) Mi. = Recherches sur les Monnaies des Indigènes de l'Archipel Indien et de la Péninsule Malaie par H. C. Millies. La Haye 1871.

[2]) Ell. = British Copper tokens of the Straits Settlements and Malayan Archipelago, by H. Leslie Ellis. Numismatic Chronicle 1895.

297 **Pakou Nata Ningrat** † 1854. *Florin* au navire de 1802, *contre-marqué* (depuis 1818/9) à Soumanep d'une *fleur à 6 pétales*, dans un ovale creux. Lire *N.* p. 159. Fonr. p. 52. Arg. Très beau. Rare.

298 *Florin* à la pucelle néerlandaise debout, fr. à Kampen en 1796, *contremarqué* du nom de *Soumaneb* en arabe dans un ovale creux, *N.* 177. Arg. Beau. Très rare.

Sumatra.

299 1804. *4 Képeng. N.* 99, Atk. 21. b.c. *2 Képeng. N.* 103. Atk. 22. t.b.c. Y joint, *2 Képeng* 1783. Atk. 4, t.b.c. *3 Képeng* 1787. Atk. 15, b.c. *Képeng.* Atk. 17bis, tranche cannelée. Beau. Cu. 5 ps.

300 *Képeng.* A.H 1219 = 1804/5. Ell. 1, Atk. 24. N. 109. Beau et t.b.c. 3 ps. idem avec 'I au lieu de P, t.b.c. Cu. 4 ps.
   Y joint: Képeng. Ell. n°. 3. Cu. a.b.c. rare.

301 *Képeng.* Une balance surmontée des lettres N—K: en bas le mot arabe *'adel* et date 1119 (sic) Rev. valeur en malai et date 1219 = 1804/5. Ell. 41. *N.* etc. —. Cu. Beau. Extr. rare. (Ellis ne connaît que l'exemplaire de sa propre collection). *Voir la reproduction.*

302 *Képeng.* A.H. 1219 = 1804/5. ISLAND OF SULTANA. *N.* —. Atk. p. 230 (Labuan). Ell. 3 Cu. t.b.c. rare.

303 1831. *Képeng.* A.H. 1247=1831/2. Ell. 2. t.b.c. rare. Var. avec inscr. erronnée et date fautive 1411. Ell. —. *N.* —. Atk. —. t.b.c. fort rare. Cu. 2 ps.

304 *2 Képeng* 1247 = 1831/2 avec *Poulou Pertcha* = Ile des caoutchou-tiers (pour *Sumatra*). Ell. 18 *N.* —. b.c.-a.b.c. (2 ps.) Idem 1251 = 1835/6. Ell. 19. *N.* 111. Beau. *Képeng,* même type. Ell. 21. *N.* 115. Beau et t.b.c. (3). Cu. 6 ps.

305 1835. *Képeng* aux armes tenues par deux chevaux surmontées d'une tour entre deux drapeaux. Inscr. ISLAND OF SULTANA. Rev. lég. erronnée et date fautive 1411. Ell. 5. Atk. p. 230, 3 (Labuan). Cu. Très beau. Très rare. *Voir la reproduction.*

306 Même pièce. Cu. b.c. Rev. usé

307 *Képeng* pareil. Les armes tenues par deux chevaux, surmontées d'un drapeau, et *sans* la lég. ISLAND OF SULTANA. Ell. 7. Atk. p. 230, 5 (Labuan). Cu. Extrêmement rare. *Voir la reproduction.*

308 **Assahan.** Entreprise „Kedeh-China" à Simpang-tiga. *5, 10, 20* et *50 Cents. 1 Dollar.* Lég. hollandaise et chinoise. Cat. B. G. p. 88. Cu. F.d.c. 5 ps.

309 Serie semblable, var. lég. malaie et chinoise. Cu. F.d.c. 5 ps.

310 **Atjeh.** Tadjou-'l-'alam Safiatou-'l-din. 1641—75. *Mas,* à légendes arabes des deux côtés. Mi. 138. Or. Beau.

311 Inayat Schah Zakiatou-'l-din. 1677—88. *Mas,* même type. Mi. 140. Or. Beau.

312 Ala-'l-din Mansour. 1838—70. *Kou* A H. 1267. Mi. — (2 ps.),
date illisible. Mi. 153. *Kou* contrefait à Kampong Pango, date 1260
et 1261. Mi. 151 et 152, Y joint quelques *Kous* des pasars de
plus en plus barbares. Etain. Lot intéressant de 12 ps.

313 **Atjeh.** 2 *Képeng* A H. 1247 = 1831 2. *N.* 112. Ell. 22. Cu.
Belle et t.b.c. 2 ps.

314 **Deli.** *Képeng.* A.H. 1251. Ell. 31. *N.* 118. Cu. Très beau et t.b.c. 2 ps.

315 A. H. 1265 = 1850 *Piti-képeng.* Lég. malaie en caractères arabes
„*Belandja negri Deli*" Rev. „*Darou-'l-aman 1265*". Etain 20 mm.
Inédit. Lot de 9 ps. belles.

316 Entreprise à Soungei Diski. SOENGY DISKY ESTATE. *50 Cents.*
1 Dollar. Lég. anglaise et chinoise. Cat. B. G. 216. 217. Cu.
36 et 38 mm. F.d.c. 2 ps.

317 Entreprise Toentoengan à Kong Hong. *5 Cents.* Cat.B.G. 207. Cu.
jaune. Octog. Beau.

318 **Djambi.** Après 1760. *Date.* Bonne imitation de celles de la compagnie aux armes de Westfrise. Rev. V́: en haut, • ☸ • ; en bas,
1116 (pour 1776) et var. avec date 8182 (pour 1788). Cf. *N.*
pl. XXIV, 232/3. Cu. 2 ps. Belles. Rares.

319 **Menangkabou** (Padang). 2 *Képeng* A.H. 1251 = 1835/6. Ell. 27.
N. 114. Cu. Belle et t.b.c. 2 ps.

320 *Képeng,* même type. Ell. 29. *N.* 116. Cu. Beau.

321 **Palembang.** *Pitji teboh* A.H. 1198 = 1784/5. Mi. 188. *N.* 193.
Cu. t.b.c., rare, en plomb de A.H. 1202 = 1788/9, s.d. Mi. 207,
N. 200. *Pitji bountou* de A.H. 1183. Mi. 186, troué. *Pitji* incertain.
Lot de 5 ps.

322 **Siak.** *Képeng.* A.H. 1251. Ell. 33. *N.* 117. Cu. 2 ps. Belles.

323 **Taroumon.** 2 *Képeng.* A.H. 1247. Ell. 24. *N.* 113. Mi. M. der
Eng. 17. Cu. Belle et t.b.c. 3 ps.

Malacca. (Péninsule malaie).

Domination portugaise.

324 **D. Manoel I** 1495—1521. Vers 1511. S. d. *Bastardo.* + CRVx :
xPI HOⳁTRE ⳁPES VIIICA Rev. ⳁ M PR ᷤ EPV—ⳁ OP
ᷤE MAI[A] Sphère. Variété de Dr. Hanitsch [1]) (1905) pl. I. n⁰. 1.
et cat. Grogran n⁰. 1291. Etain 37.5 mm., épaisseur 6 mm., 45,6. gr.
Beau. **De toute rareté.** *Voir la reproduction.*

     Manque à Aragio, à de Campos et aux collections importantes de
monnaies portugaises.

[1]) R. Hanitsch. Ph. D. „On a second collection of coins from Malacca"
Journal of the Straits Branch of the Royal Asiatic Society n. 44. Singa-
pore 1905.

325 *2me émission.* S. d. *Bastardo* + I ENAHVEL R P ET A D
GVIHE L'écu couronné de Portugal accosté de V—● Rev. La
sphère (avec *six* cercles de latitude). Cf. Hanitsch (1903) pl. I,
n. 2. Cat. Grogan 1296. Etain 30 mm., épaisseur 3 mm., poids
14,5 gr. Beau-t.b.c. **Extrêmement rare.** *Voir la reproduction.*

326 *Bastardo* pareil. Var. lég. finissant GVIF L'écu de Portugal entre
● — **V** Etain, 29/28 mm., 11.56 gr. b.c. Extrêmement rare.

327 **D. Joâo III** 1521—1557. *Dinheiro.* + IOA : III : POR : ET : AL
Croix de St. George. Rev. Sphère. Manque à Aragão, à Campos e. a.
Dr. Hanitsch (1903) pl. II, 10. Etain 20 mm., 2.11 gr. t.b.c. Rare.

328 *Soldo* IOANE . . RPETALDGC Ecusson aux quinas, couronné,
entre •‚• — •‚• Rev. Sphère. Var. inédite de Dr. Hanitsch (1903)
pl. II, 8. Etain, 23 mm., 3.16 gr. Droit b.c., rev. a.b.c. Extrêmement rare.

Monnaies des Anglais.

329 *2 Képeng* au coq. A.H. 1247 = 1831/2. Ell. n. 9. Cu. Beau, rare.

330 *Képeng* au coq, avec date 1411. Même type. Rev. lég. erronnée
(2 var.) Ell. 14. Beau et a.b.c. *Képeng* A.H. 1247, type de n. 329.
(9 ps. plusieurs var.) Ell. 10. t.b.c., b.c. et a.b.c. 11 ps.

331 *Képeng* pareil, 1411. (2 var.), A.H. 1247 (2 var.) Cu. 4 ps. belles.

332 *Képeng* A.H. 1251 = 1835/6, avec l'inser. *Tanah malaiou.* Ell. 34.
N. p. 96. Cu. t.b.c. 3 ps.

333 *Képeng* 1251=1835/6, avec l'inscr. *Negri Trengganou.* Ell. 17.
Cu. Beau.
>   Y ajouté: Poulou Pénang. *1/2-Cent* 1810. Atk. 16. t.b.c. *Cent* 1828. Atk.
>   21, a.b.c. 2 ps.

334 *Képeng* 1251 = 1835/6 avec l'inscr. *Negri Pérak.* Ell. 15. Beau.
Negri Selanggor. Ell. 16. Beau et t.b.c. Cu. 3 ps.

Ceylan.

Domination portugaise.

335 **Philippe III d'Espagne.** 1621—1640. *Tanga* 1640 fr. à **Colombo.**
L'écusson couronné de Portugal accosté de **C—L°.** Grènetis. Rev.
Le gril de St. Laurent accosté de la date I 6—**4°.** Grènetis. Var.
de A. [1]) pl. II. 12 et Campos [2]) 19, avec écusson plus large et grènetis
à perles fines. Grogan p. 12892. fig. 2 Arg. 16.5 mm., 2.4 gr. Très
belle. *Voir la reproduction.*

---

[1]) A. C. Teixeira de Aragao. Descripçao geral e historica das Moedes,
etc. Tomo III. Lisboa 1880.

[2]) Manoel Joaquim de Campos. Numismatica Indo-Portuguesa. Lisboa 1901.

Ceylan. Sous la compagnie hollandaise.

336 S. d. *Tang de 6 Sous.* Lingot de cuivre. Aux extrêmités **VI** dans une couronne de feuilles Rev. aux extrêmités **S⅓** dans une couronne de feuilles. Cf. Cat. Grogan n⁰. 549. Long. 111 mm., 76.8 gr. t.b.c. **Extrêmement rare.** *Voir la reproduction.*
> Ancienne collection White King. A⁰ 1904.

337 *Sou.* avec **IS⅓** dans une couronne de feuilles, des deux côtes. Cf. Cat. Grogan 541. Cu. 21 mm. 14,26 gr. t.b.c.

338 *Sou* pareil, couronne de feuilles tournée à dr. Cu. 19 mm. a.b.c.

339 ½-*Sou*, avec ∤**S⅓** dans une couronne d'épines, des deux côtés. Cat. Grogan 544 var. à la valeur plus grande. Cu. 18 mm. Beau-t.b.c. Rare. *Voir la reproduction.*

340 ¼-*Sou*, même type. Cat. Grogan —. Cu. 13 mm., t.b.c.

341 ⅛-*Sou*, même type. Cf. Cat. Grog. 547a. Cu. 11 mm. t.b.c.

Monnaies au monogramme $\overset{c}{\text{ꝟ}}$ frappées à Colombo.

342 S. d. *Tang de 4³/₄-Sous.* Lingot de cuivre. Sur chaque face; à g., ꝟ surmonté d'un C dans un grènetis; à dr., 4¾ — ST dans un grènetis. Cf. Cat. Grog. 552. Cu. 70 mm., 72.4 gr. Beau. **Extrêmement rare.** *Voir la reproduction.*
> Ancienne collection Bergsoe. A⁰ 1903.

343 *Tang de 4³/₄ sous.* Lingot pareil. Poinçons barbares ꝟ surmonté de Ɔ. Cu. 85 mm., 54.4 gr. t.b.c. **Extrêmement rare.** *Voir la reproduction.*
> Ancienne collection White King. A⁰ 1904.

344 ¼-*Sou.* ꝟ surmonté d'un C. Rev. ¼ — ST. Cat. Grogan 553. Cu. 13 mm., t.b.c.

345 1783. *Sou.* ꝟ surmonté d'un C. Rev. ·:· **I** ·:· - STUIVER — 1783. Cf. Cat. Grogan 555, la date un peu plus espacée. Cu. 22 mm. Beau.

346 — *Sou* pareil, avec monogr. plus étroit. Rev. de Grogan 555. Cu. 20 mm. Beau. *Voir la reproduction.*

347 1785. *Sou*, même type. Cf. Cat. Grogan 559. Cu. 23 mm. Beau-t.b.c.

348 1786. *Sou*. même type. Cat. Grogan 565. Cu. 21 19 mm., t.b.c.

349 — *Sou* pareil, *grands caractères.* Cat. Grogan 566. Cu. 21 mm., t.b.c.

350 1787. *Sou* pareil. Cat. Grogan 567. Cu. 18 mm., t.b.c.-b.c. Date rare.

351 1788. *Sou* pareil. Cat. Grogan 568. Cu. 18 mm., t.b.c. Date rare.

352   1789. *Sou* pareil, avec 1789. Cat. Grogan 519. Cu. 18 mm., t.b.c.

353   — *Sou* pareil, var. Cat. Grogan 570. Cu. 18/15 mm., t.b.c.-b.c.

354   1790. *Sou* pareil, avec |I 79c. Cf. Cat. Grogan 571. Cu. 18/16 mm.. Beau.

355   — *Sou* pareil. var. avec 1790. Cu. 20/17 mm. Beau.

356   — *Sou* pareil, var. avec grandes lettres o—c dans le monogramme. Rev. avec point sur l' I de STUIVER. Cat. Grogan 572. Cu. 19 mm. Beau-t.b.c.

357   1791. *Sou* pareil. Cu. 21 17 mm. Beau-t.b.c.

358   1792. *Sou* pareil. Cat. Grogan 574. Cu. 20 17 mm., t.b.c.

359   1793. *Sou* pareil. Cu. 20/17, Beau-t.b.c. Date fort rare.

360   1794. *Sou* pareil. Cat. Grogan 576. Cu. 20 19 mm. t.b.c. *Date rare*.

361   1795. *Sou* pareil, caractères petits et gros. Cat. Grogan 578. Cu. 19 mm. Beau. Rare.

Monnaies au monogramme 𝔍 frappées à Jaffna.

362   1784 *Double Sou*. 𝔍 surmonté de I; en bas, la valeur. Rev. [I]7S4 (le chiffre 4 incomplet) au-dessus de deux caractères tamouls signifiant ½ *P(anam)*. Date manquant au cat. Grogan. Cu. 21 mm.. 25.87 gr. b.c. Extrêmement rare.

Monnaies au monogramme 𝔊 fr. à Galle.

363   1783. *Double Sou*. Monogr. 𝔊 entre ·:· —·:·; en haut, G ; en bas, 2 ·S dans un cercle et grènetis. Rev. 1783 et deux caractères *cingalais* signifiant la valeur; en haut et en bas, ·:· *N*. 23. Cf. Grogan 585. Cu. 22 mm. Beau. *Voir la reproduction*.

364   1787. *Sou*. même type. mais valeur en cingalais pour *1 sou*. Cat. Grogan 589. Cu. 20/19 mm., 10.29 gr. Beau. *Date rare. Voir la reproduction*.

365   1789. *Double Sou*, type du no. 363. Cat. Grogan 592. Cu. 24 mm. Beau-t.b.c. Rare.

366   1790. *Double Sou* pareil. Cat Grogan 594. Cu. 26 mm. t.b.c. Rare.

367   1792. *Double Sou* pareil. Cat. Grogan 597. Cu. 26/24 mm. t.b.c. Rare.

368   1793. *Sou*, au type du no. 364. Le chiffre 3 de la date faible. Manque à Grogan. Cu. 21 17 mm. t.b.c. Fort rare.

Monnaies au monogramme 𝔗 fr. à Trinkonomali.

369   1795? *Sou*. 𝔗 surmonté de T Rev. I — S T — 1795 Cf. Cat Grogan 618. Cu. 19 15 mm.. t.b.c. Rare.

Negapatnam.

370 Vers 1693. *Pièce de 25 Kashas,* au buste du kâli de Tanjore de face : sur la poitrine cinq globules. Rev. *Nagapatanam* en tamoul. Millies. Oost. Munt.[1]) fig. *a.* Cat. Grogan 495. Cu. 22 mm., 27,4 gr. Belle. *Voir la reproduction.*

371 *5 Kashas,* même type. Mill. Oost. Munt. n. 75. Cat. Grogan 496 sq. Cu. 3.3 gr. Belle-t.b.c.

372 *5 Kaschas,* pareilles. Cu. b.c.-t.b.c. 2 ps.

Monnaies au monogramme ꝑ

373 *Double Cache.* Cat. Grogan n⁰. 507, 2.3 gr. Belle. Var. avec N à rebours. 2.3 gr. t.b.c. Cu. 2 ps.

374 *Cache.* même type, 1.2 gr., 1.4 gr., t.b.c., Var. avec N à rebours. 1.4 gr. Belle. Cu. 3 ps. Lot intéressant.

375 *Pièce de 15 Kashas* au monogr. ꝑ surmonté de *N*; au-dessous, la valeur J.5. Millies. Oost. munt fig. *b.* Cat. Grogan n⁰. 510. Cu. 24/22 mm., 18.76 gr. Superbe et unique. *Voir la reproduction.*

Provenant de la collection *Vilhelm Bergsöe à Köbenhavn* et *Grogan à Londres.*

Paliakate.

376 Vers 1650. *Pièce de 2 caches.* Rev. lég. arabe. Cf. Cat. Grogan 522. Cu. 12 mm., 3,3 gr. Belle. Rare.

377 *Cache.* ꝑ surmonté d'un P Rev. lég. arabe 11 mm, 1,6 gr. Belle. Var. avec P à rebours. 10 mm., 1.5 gr. b.c. Cu. 2 ps.

Monnaies des Indes Portugaises.

Diu.

378 **D. Joào IV** (1640—1656) 1654. *Meio Xerafim* fr. à Goa pour Diu. Ecu couronné de Portugal, accosté de Ⱥ — Rev. Croix de l'ordre du Christ cantonnée de 1—6—5—4 Manque à A. Cf. de Campos 22. Arg. 21/20 mm., 5,2 gr. b.c. Extrèmement rare.

379 **D. Joào V.** (1706—1750) 1738. *Pardau.* Ecusson couronné, barbare. de Portugal. Rev. Croix de St. Thomas cantonnée de 1—7—3—8, le dernier chiffre faible. Cat. Meili —. Cat. Grog. —. Comme la roupie Arag. pl. III. 18. Arg. 21 mm, 5.48 gr. Extrèmement rare. *Voir la reproduction.*

380 **D. José I.** (1750—1777) 1766. *Rupia.* L'écusson couronné de Portugal (barbare) : à g., ⫶ Rev. Croix de l'ordre de St. George, cantonnée de 1—7— 6—6, chaque extrêmité de la croix ornée de cinq clous. Manque à A. et à de C. Cf. Cat. Grogan 1419. Arg. 23, 22 mm., 11.84 gr. t.b.c.-belle. Fort rare. *Voir la reproduction.*

---

[1]) Mill. Oost. Munt. = Onderzoek van eene Verzameling Oostersche Munten door H. C. Millies. Versl. en Meded. Afd. Letterkunde Deel V.

381 1771. *Rupia*, même type, avec 1—7—7—1. Manque à A. et à de C. Cf. Cat. Grogan 1421. Arg. 22 mm., 11.91 gr. t.b.c. Fort rare.

382 1777. *20 Bazarucos*. L'écu couronné de Portugal (incorrect) accosté de D— G Rev. Croix pattée cantonnée de I—7 -7—7. Plomb 36/35 mm. Très beau. Rare.

383 **Dª. Maria et D. Pedro III** (1777--86) 1781. *Rupia* aux bustes conjugués de Dª Maria et de D. Pedro; lég. circul. DIO—RVPIa; en bas, 1781 Rev. Armes de Portugal, style Louis XV. Cf. A. pl. VII. 31. Grogan. *The issues of the Diu mint* [1]), p. 13314, fig. 1. de C. 197. Arg. 21 mm , 10.66 gr. Belle.

384 **Dª. Maria I.** (1786—1807) 1806. *Rupia*. Armes de Portugal, style Louis XV. Rev. Croix de St. Thomas, cantonnée de I—8—0—6; en haut, **600**; en bas, DIO; aux côtés, des branches. A. pl. VIII, 31. de C. 318. Grog. *Diu Mint*. p. 13314, fig. 1. Arg. 23 mm., 7.51 gr. Belle.

385 **D. Pedro IV.** (1826—1828) 1828. *20 Bazarucos*, type de l'écusson comme A. pl. IX, 1. Le chiffre 2 de la date posé obliquement. Grog. *Diu Mint* p. 13316 fig. 2. Plomb. 36/34 mm., 19.39 gr. Très belle.

Goa.

386 **D. João III** 1121—27. S. d. *Bazaruco*. 7 sous une couronne à bande courbée, surmontée de • ✝ • Rev. Croix de St. George cantonnée de quatre globules, dans un double cercle. A —; de C· — · Cat. Grog. 1500. Cu. 22/19 mm., 9.23 gr. t.b.c.

387 **D. João IV.** (1640—1656) 1643. *Double tanga* au St. Jean debout à dr. tenant un fanon, accosté de *S*—Ī et 16 — 4³ Rev. L'écu couronné de Portugal, entre **G—A**. Grènetis entre deux cercles des deux côtés. Cf. A. pl. II. 1., de C· — · Grogan p. 13870, fig. 2. Arg. 19 mm., 4.4 gr. Belle. Extrêmement rare. *Voir la reproduction.*

388 16 --? *Double tanga* pareille, avec écusson plus grand. Arg. 20.5/19 mm., 3.92 gr. b.c.-t.b.c.

389 **D. João V.** (1706—1750) 1726. *Tanga*. Couronne sur deux palmes en sautoir; au-dessous, 6S̨1 **la date à rebours**. Rev. **60** dans une couronne de feuilles. Arg. 13 mm., 1.16 gr. t.b.c. Extrêmement rare.

390 1750. *Pardau*. IOANN—ES VRP. Buste à dr., type de la rupia cat. Grogan pl. XV. 1640. Rev. Écusson de Portugal couronné et ornementé. A. —, de C. —. Grog. —. Arg. 18 mm., 5.91 gr. Beau. Fort rare.

391 **D. José** (1750—1752) 1752. *Rupia* IOZE -PH·I·R·P· Buste à dr.; dessous, 1752. Rev. L'écu de Portugal. A.—. (Type A. pl. IV. 10 de 1755), da Cunha pl. VII. 1, de C. 104. Arg. 21.5 mm., 11.8 gr. Belle. Rare.

---

[1]) Articles dans le Monthly Numismatic Circular, 1912 3.

392   1764. *Meia Tanga*. Buste, dessous, 64. Rev. 30 sous une couronne. A.—, de C. 549. Cat. Gr. 1684. Arg. 11 mm., 0.59 gr. Belle. Rare.

393   1775. *Meio Pardau*. 1115 Mei° pardao. Buste Rev. Amoiries couronnées. Cf. A. pl. IV, 14, cf. de C. 161. Arg. 15 mm., 2,67 gr. Très beau.

394   **Dᵃ· Maria I et D. Pedro III** (1777—1786) 1781. *Rupia* 1781 — RVPIA. Buste lauré de Marie seule, à dr. Rev. Arm. couronnées. Cf. A. pl. V. 4; de C. 193. Arg. 21.5 mm., 10.65 gr. Belle.

395   1783. *Rupia*. Bustes accolés à dr. Rev. Armoiries, style Louis XV. Var. de A. pl. VI. 7; de C. 205, cf. cat. Gr. pl. XVI. 1765. Arg. 25 mm., 10.65 gr. Très belle.

396   1784. *Pardau*, même type. A. —, cf. de C. 208, Cat. Gr. 1768. Arg. 20 mm., 5.32 gr. Beau.

397   **Dᵃ· Maria I.** (1787—1807) 1798. *Rupia*. GDA—RVPIA (sic) Buste de la reine à dr., drapé, coiffé d'un bonnet plié, chevelure ornée de perles, nez pointu. Rev. Armoiries, Louis XV, couronne large. A. —, de C. 261. Arg. 22,5 mm., 10,88 gr. Belle.

398   1798. *Pardau*, même type. A. —, cf. de C. 263., Cat. Gr. 1823. Arg. 18 mm., 5.42 gr. Beau.

399   **D. Joào,** principe regente. (1807—1818/9.) 1808. *Rupia* au buste lauré à dr., avec *manteau d'hermines*. RVPIA — GGOA — 1808. Rev. Armoiries *ovales*. A. —; var. de de C. 328, l'écusson ovale plus long. Cat. Gr. 1889. Arg. 23 mm., 10,87 gr. Belle.

400   **D. Joào,** roi (1818/9—1825.) 1823. *Rupia*, au buste à dr., lauré et enrubané de perles; avec le paludament. Rev. Armes sur la sphère couronnée, A. —; var. de de C. 389; cat. Gr. 1949. Arg. 23 mm., 10.86 gr. t.b.c.

401   1825. *Pardau* au buste d'aspect féminin à dr. Revers, sphère plus grande. A. —; cf. de C. 396. Cat. Gr. 1966. Arg. 19.5 mm., 5.39 gr. Beau.

402   **Dᵃ Maria II.** (1828—53) 1847. *Rupia*, gravure soignée, la couronne de laurier au rev. plus ouverte que d'ordinaire. A. —, cf. pl. X. 4; de C. 481. Arg. 25 mm. F.d.c.

403   1849. *Meio Pardau*. A. —, de C. —. Arg. 18/17 mm., 2.75 gr. t.b.c. Extrêmement rare.

404   **D. Pedro V.** (1853—61) 1856. *Rupia*. Tête du roi, *fort en relief*. Rev. valeur dans une couronne de laurier. A. —, cf. de C. 494. Arg. 25 mm. Belle.

405   **D. Luiz I.** (1861—89) 1881. *Rupia*. Tête. Rev. Armoiries. Tranche striée; fr. à Calcutta. Essai fr. sur flan bruni. Arg. Superbe. Rare

406   1881. ¼ *Tanga*. Même émission. Essais unifaces en argent du droit et du revers. Frappés sur flan bruni. Arg. 25 mm., 6.4 gr. et 6.4 gr. Beaux. Rares.

407 1886. $^1/_4$ et $^1/_8$ *Tanga*. Même émission. Essais fr. sur flan bruni. Bronze 25,5 et 21 mm. Beaux. 2 ps. Rares.

Chine.

Dynastie Han ou Han occidental.

408 **Emp. Wu Ti** 140—87 av. J. C. Ère Yüen-schöu (118 av. J. C.) *Wu Tchu* ou pièces de 5 tchus. T. de la C. [1]) n°. 315. Cu. 8 ps. Superbes. Lot intéressant.

409 Idem. Cf. T. de la C. 316—333. Plusieurs variétés postérieures. Cu. 13 ps.

On fabriquait encore ces pièces en 581 A. D.

410 Idem. Var. de T. de la C. 315 avec ▬ au bord au-dessus du trou carré. Superbe pièce et var. • au revers, b.c. Cu. 2 ps.

411 **Régent Wang mang**. A · D · 7—22. Série des Tsiuen A · D · 7. Monnaie avec inscr. „*Grande source, cinq pièces de dix*". T. de la C. 347 sq. Cu., 3 gr., 3,6 gr., 3.95 gr., 4.2 gr., 5.1 gr. en 5.2 gr. 8 ps. La plupart superbes. Lot intéressant.

412 Monnaie Pu. Inscr. *Ho Pu*. (échangeable-marchandises [étoffe]). T. de la C. 112. Cu. 16.9 gr. et var. un peu plus petite 16.9 gr. 2 ps. t.b.c. et belle.

413 Ère Tien Fung 14—19 A. D. Monnaie dite „*Ho tsiuen*" (Source des biens). T. de la C. 369 et var. Superbe, b.c. (2), t.b.c. troué. Cu. 4 ps.

Dynastie T'ang.

414 **Emp. Ngai Tsung**. A · D · 905. Ère Tien Yiu. *5 Tsien*. La valeur en écriture des sceaux. Cu. 40 mm. Belle.

Dynastie Höu-Tchöu.

415 **Emp. Shih Tsung.** 954—960. Ère Tchöu Yüen. *Tsien* au dragon et au phénix. St. [2]) 368. St. L. [3]) 208. Cu. t.b.c. Intéressant. *Voir la reproduction.*

Dynastie Sung.

416 **Emp. Hwui-Tsung** 1101—26. Ère Ta Kwan. Cu. 41 mm. St. 780. St. L. 334, et var. 38 mm. Beau et t.b.c. 2 ps.

417 **Emp. Li Tsung** 1225—65. Ère Twan P'ing. Cu. 35 mm. St. 977. St. L. 496, t.b.c.

---

[1]) Catalogue of Chinese coins, by Terrien de Lacouperie. London 1892.
[2]) Catalogus der Munten en Amuletten van China, Japan, etc. door H. N. Stuart. Batavia—'s-Gravenhage 1904.
[3]) J. H. Stewart Lockhart. The Currency of the farther East. Hongkong 1895.

28

418 — Ère Shun Yïu. 1241—1253. Grande monnaie de *100 tsien*. Caractères des sceaux; au rev. *valeur 100*. Cf. St. 1012 et St. L. 523. Cu. 57 mm. Belle.

Dynastie Ming.

419 **Emp. T'ai Tsu** 1368—99. *10 Tsien* fr. avant l'avènement au trône. St. 1100. St. L. 640. Cu. 44 mm. Belle Var. au rev. *Tih Tsien*. Cu. 45 mm., t.b.c. 2 ps.

420 — Ère Hung Wu. *10 Tsien*. Rev. *Bao — 10*. Cu. 43 mm. *10 Tsien* fr. à Fu-Kien. Etain 45 mm. 2 ps. Belles.

421 **Emp. Ch'ing Tsu.** 1403—1425. Ère Yung Loh. *10 Tsin* au dragon. Cu. 47 mm. Belle et fort rare. *Voir la reproduction*.

422 **Emp. Wu Tsung** 1506—22. Ère Ching Teh. *10 Tsin* divers. St. p. 209 n. 50 seq. Cf. Tracey Woodward New China Review (Aug. 1921). Cu. 47—52 mm. 7 ps. var. t.b.c. et b.c.

423 **Emp. Shăn Tsung** 1573—1620. Ère Van Lih. *10 Tsien*. Cu. 43 et 42 mm. t.b.c. 2 ps.

424 **Emp. Hi Tsung** 1621—28. Ère T'ien K'i. *10 Tsien*. St. L. 714. St. 1185 et var. avec *Tih Liang* = „un thail" au revers. St. L. 713. St. 1184. Cu. 45 et 47 mm. t.b.c. 3 ps.

425 **Usurpateur: Sun K'o Wang** A. D. 1655. Ère Hing Tch'ao. *1 Fän*. Rev. *Tih fän*. St. L. 825. St. 1276. Wylie [1]) 215. Cu. 45—49 mm. Beaux et t.b.c. 8 ps.

426 *5 Li*, du même. Wylie 216. Cu. 28 mm. t.b.c. Fort rare.

427 **Usurpateur: Wu San Kwei,** avant 1674. Ère Li Yung. *1 Fän*. Cf. St. 1287. et St. L. 833/4. Wylie —. Cu 40 mm., t.b.c.

428 — Ère Chao Wu. *1 Fän*. Caractères des sceaux. St. 1291. St. L. 840. Cu. 34 mm. b.c. Rare.

Emp. Wăn Tsung 1851—1862.

429 Ère Hien Fung. Grande monnaie de *100 caches*. fr. à Fuh-Kien. St. 1161. St. L. 1119. Wylie 186. Maill. supp. pl. 26 n. 17. Cu. 71 mm. Très belle et rare.

430 — *50 Caches*, même type. St. 1562. St. L. 1135. Wylie —. Maill. —, Cu. 57 mm. Très belle et rare.

431 — *20* et *10 Caches*, même type. St. 1563/4. St. L. 1144. 1163. Wylie —. Maill. —. Cu. 46 et 37 mm. 2 ps. Très belles, rares.

432 — *100 Caches* pareille, avec *Hien Fung Chung pau* „Monnaie *lourde* de l'ère Hien Fung." St. 1581. St. L. 1120. Wylie 186 var. Cu. 71 mm. Très belle et rare.

[1]) Coins of the Ta-Ts'ing or present dynasty of China. By Mr. A. Wylie. 1857. Shanghai Literary and Scientific Society.

433 *50 Caches*, même type. Rev. Sur le bord quatre contrem. carrées „2¹/₂ thail" pour indiquer le poids. St. 1587. St. L. 1137. Wylie—. Maill.—. Cu. 59 mm. Très belle et rare.

434 *500 Caches. „Hien fung yuen pau"* fr. par le ministère des travaux publics. St. L. 1113. Var. de Maill. suppl. pl. 26 n. 16. Cu. 56 mm. Superbe. Fort rare.

435 *50 Caches. „Hien fung chung pau"*. Même ministère. St. 1584. Cf. St. L. 1132. Wylie 181. Maill. suppl. pl. 25, n. 12. Cu. 56 mm. Superbe. Rare.

436 *10 Caches.* Même type. St. 1600. St. L. 1153. Cu. 35 et 31 mm. 2 ps. belles.

437 *5 Caches.* Même type. St. 1613. St. L. 1174. Wylie 175. Maill. suppl. pl. 25.8. Cu. 29 mm. Belle.

438 *100 Caches. „Hien fung yuen pau"*. „Ministère des impôts." St. 1574. Cf. St. L. 1116. Wylie 183. Maill. Suppl. pl. 26. 15. Cu. 49 mm. Belle.

439 *50 Caches. „Hien fung chung pau"*. Même ministère. St. 1582. St. L. 1128. Wylie 179. Maill. suppl. pl. 26, 12. Cu. 56 mm. Belle.

440 *50 Caches* pareille, plus petite. St. 1583. Wylie 180. Cu. 47 mm. Belle.

441 *10 Caches* pareille. Cf. St. 1594 et St. L. 1148. Wylie—. Cu. 39 mm. Belle.

442 *5 Caches* pareille. St. 1596. St. L. 1150. Wylie—. Cu. 31 mm. Belle.

443 *10 Caches.* Même droit, fr. à Tché-kiang. St. 1605. St. L. 1162. Wylie 176. Maill. suppl. pl. 25, n. 9. Cu. 38 mm. t.b.c.

444 *10 Caches* pareille. fr. à Su Cheu. St. 1602. 1603. St. L. 1156. Wylie 177 8. Maill. suppl. pl. 25. 10, 11. Cu. 39 mm., 33 mm. t.b.c. 2 ps.

445 *10 Caches* pareille, fr. à Yun-nan. Cu. 39 mm. t.b.c.

446 *10 Caches* pareille, fr. à Nân Ch'ang Fu. St. 1604. St. L. 1159. Wylie —. Maill. —. Cu. 38 mm. t.b.c.

Emp. Muh Tsung 1862—74. Ère T'ung Chi.

447 Une branche de 42 sapèques de cuivre au trou carré, entouré de quatre caractères *T'ung Chi T'ung Pao* Rev. *Chiowan Pau* (Ministère des finances) Longueur 64.5 cm. Extrèmement rare.

    La branche décrite se trouve dans l'état où sont ces monnaies au sortir du moule, donnant une idée de quelle manière les monnaies chinoises sont fabriquées.

Voir la reproduction.

448 **Usurpateurs** 1849—1864. „*T'ai P'ing T'ien Kwoh*" St. 1620. St. L. 1204. Cf. Maill. suppl. pl. 26, 18—19. Cu. t.b.c. Rare.

449 **Emp.: Muh Tsung.** 1862—74. Ère T'ung Chi. *10 Caches* fr. à Yun-nan. Cf. St. 1660. Cu. 37 mm. t.b.c.

450 Idem, fr. au ministère des impôts. St. 1660. St. L. 1221. Cu. 30 mm. t.b.c.

451 **Emp.: Tsaï T'ien** 1875—1908. Ère Kwang Sü. *10 Caches*, fr. au ministère des impôts. Cu. 30 mm. t.b.c.

452 *10 Caches*. Ministère des travaux publics. Cu. 30 mm. t.b.c.

453 *10 Caches*, type moderne. F. K. CUSTOM-HOUSE, fr. à Fu Kien. Cu. F.d.c.

454 *Thail*, type moderne. HU-PEH PROVINCE — ONE TAEL Deux dragons autour de la valeur. Rev. Caractères chinois. Arg. Beau.

455 *Dollar* (7 Mace and 2 Candareens) au dragon. HU-PEH PRO-VINCE. St. 1699. Arg. Très beau.

456 *1/5 et 1/10 Dollar*, même type. Arg. belle et très belle, 2 ps.

457 *10 Caches*, type moderne. Hu-Peh. Cu. Belle.

458 *10 Caches*, pareille. HO-NAN et HU-NAN. Ramsden fig. 25—26. Cu. Belle et t.b.c. 2 ps.

459 *1/5, 1/10, 1/20 Dollar*, Kiang-Nan, très belle, t.b.c., très belle. Y ajouté *10 Caches* (19)05. Ramsd. fig. 46. n. 8, 2 ps. var. très belles. Arg. et Cu. 5 ps.

460 *10 Caches*. Kiang-Su. Ramsd. fig. 49—50. Cu. Superbe.

461 *Dollar* au dragon, KWANG-TUNG PROVINCE. Arg. Superbe.

462 *1/2-Dollar*, même type. Arg. Superbe.

463 *1/5, 1/10, 1/20 Dollar*, même type. Arg. F.d.c. 3 ps. Y ajouté, *10 Cash* et *1 Cent*, type moderne, très belle et superbe. Cu. 2 ps.

464 *Dollar* au dragon TA-TSING. TWENTY·FOURTH·YEAR·OF· KWANG HSÜ· (1899) — ☆ PEI YANG ·ARSENAL· ☆ Rev. Incr. chinoise. Arg. Beau.

465 *Dollar* pareil 25th YEAR OF KUANG HSÜ·(1900)— · PEI YANG · Rev. Inscr. chinoise. Arg. Très beau.

466 *Dollar* pareil 34th YEAR etc. (1908). Arg. Très beau.

467 *Roupie* au buste d'un mandarin à g., fr. dans la province de Tze-Tchuen, pour le **Thibet**. Cf. A. J. N. (1906) vol. XLI. Arg. Belle.

468 **République chinoise.** (1912) *Dollar* commémoratif au buste du président **Sun Yat Sen** à g. Rev. avec ☆ MEMENTO ☆ — BIRTH OF REPUBLIC OF CHINE. Arg. F.d.c. Rare.

469 *Dollar*, frappe courante. Même type. Rev. THE REPUBLIC OF CHINA — ☆ ONE DOLLAR ☆ Arg. F.d.c.

470 ¹/₆ *Dollar* (1913) MADE IN FOO-KIEN MINT. Trois drapeaux en sautoir. Arg. Très belle.

471 ¹/₅ *Dollar* (1913) KWANG-TUNG PROVINCE, avec grand chiffre **20.** Arg. F.d.c.

472 *10 Caches.* Deux drapeax en sautoir. Rev. THE REPUBLIC OF CHINA — · TEN CASH · et 2ᵐᵉ émission, les drapeaux dans un cercle intérieur pointillé. Cu. 2 ps. très belles.

473 *Dollar*, an 3 = 1914/5, au buste du président **Yüan Shih-k'ai,** à g. Tracey Woodward. The New China Review April 1922, type II· Arg. Superbe.

474 **L'usurpateur T'ang Chi-Yao, dans la province de Yün-nan, jusqu'en 1921.** *Pièce de 5 dollars.* Son buste de face, un peu tourné à g.; en haut, sept caractères chinois „T'ang, gouverneur-général (du) gouvernement militaire". Rev. Les drapeaux républicains en sautoir; lég. de 13 caractères chinois „Monnaie d'or commémorative de la défense de la République — l'équivalent de 5 dollars d'argent". Tracey Woodward. The New China Review June 1921. n°. V. Or. 18 mm., 4.3 gr. F.d.c. **Extrêmement rare.** *Voir la reproduction.*

MÉDAILLES ET AMULETTES.

475 Amulette à voeux; des deux côtés, quatre caractères chinois. St. n°. 7. —- avec symboles: épée, serpent, la „grande ourse", et tortue. Silvestre A. J. N. 1910 pl. 2. n. 9, avec une balance. Silv. pl. 2. n°. 12; avec deux chevaux dos-à-dos, et avec des arabesques. Lot intéressant de 5 ps.

476 Amulette octogone en caoutchouc, — amulette à trou carré en nacre 24 mm., — amulette en argent, imitant la monnaie de l'ère Hien-fung 1851—62, 18 mm., trouée — laiton, avec un caractère des deux côtés. — Imitation du *Wu tchu* en argent. — Lot de 5 ps.

477 Amulettes, imitations des anciennes monnaies, la forme *pu* (4), la forme *tao* (couteau) (4). Lot de 8 ps.

478 **Amulette** chinoise fr. à Bruxelles en 1874, avec traduction des légendes sur le bord, exprimant des vœux de bonheur, comme souvenir de la vente Brichaut, faite dans la salle de M. Olivier, Idem présentée à M. Durand, numismate à Bordeaux. Cu. 2 ps. belles et même pièce en nickel, très belle — 3 ps.

479 1900—1901. Expédition des Puissances européennes en Chine. Buste du Comte de Waldersee à g. Alum. 39 mm. F.d.c. portative.

480 **Collection de plus de 1600 pièces, de Monnaies Chinoises** en cuivre, assorties d'après le catalogue du „Bataviaasch Genootschap van Kunsten en Wetenschappen" par M. Stuart, et d'après les planches de St. Lockhart. **Fort intéressante.**

481 **Grand lot de 500 Monnaies chinoises** en cuivre.

482 **Lot de Monnaies Chinoises en cuivre, 82 ps.** Japon. 4 ps.

483 **Lot de Monnaies Chinoises** et quelques annamites et japonaises, en cuivre. 113 ps.

484 **Lingot d'argent** en forme d'un bateau; au centre poinçonné d'un caractère chinois dans un carré. Arg. 35,9 gr.

485 **Japon. Hosakura** (District minière dans la province de Rikuzen) Grande monnaie carée, de *100 Sen*, contrem. au revers d'un soleil à huit pointes. Villaret fig. 100. Munro p. 178 fig. 22. Plomb 60 mm. Belle et fort rare.

Annam.

486 Plaque d'honneur, ovale, accordée aux personnes qui, aux époques de famine, font des dons pour les affamés. Inscr. *Lac quyên ngãi dân* „se prodiguer généreusement pour secourir le peuple". Schroeder p. 506. n. 614. Arg. 79/62 mm., 13,5 gr. Superbe.

Siam.

487 **Chula-Longkorn.** *Tikal* au buste du roi à g. Rev. Armoiries. Arg. F.d.c.

488 **Chula=Longkorn.** Monn. de cu. et d'étain. $^1/_2$-*Fouang.* $^1/_8$-*Fouang*(?). $^1/_{16}$-*Fouang.* — 4 *All*, date siam. 1236 = 1874 5. 2 *All* dates siam. 1236 et 1237. *All* 1237 et 1244, $^1/_2$ *All* 1237. La plupart belles. — 10 ps. Y joint, 2 monn. siamoises en porcelaine.

489 Lot intéressant de 9 monnaies siamoises en porcelaine, dont 6 polychromes et 3 en bleu, 5 à figures et 4 à caractères. Belle conservation.

490 **Arabie. Makalla.** Cu. 21 et 15 mm. lég. arabe des deux côtés. Valentine p. 87. 12, 11. 2 ps. t.b.c.

491 **Madras.** $^1/_2$-*Pagode.* Tour de pagode avec neuf étoiles à chaque côté dans un ruban. Rev. Le dieu Svami. Atk. 23. Arg. 36 mm. Beau.

492 *XL Cash.* Des deux côtés la valeur en quatre langues: Anglais persan, telougui et tamoul. Atk. 110. Cu. 35 mm. Belle.

493 **Erythrée. Umberto I,** roi d'Italie. 1890. *2 Lire* au buste couronné à dr. Arg. Très belle.

494 **Soudan.** Révolte. A. H. 1304. *Rial* fr. à Omdurman. Arg. t.b.c.

AMÉRIQUE.

Amérique centrale.

495 **Convention entre le Nicaragua, le Honduras, et le Salvador**
(1849—51). 1756. *Peso* fr. à Potosi, très irrégulier et troué, **contre=
marqué** d'une contremarque ronde avec **trois montagnes sous
un soleil brillant.** Arg. t.b.c.

Argentine.

496 *Réal* 1826. „Banco Nacional". Nickel, beau. *10 Décimos 1830,* au
phénix. F. [1]) 10075. Cu. Belle. *20 Cent^os·* 1883. Arg. belle. *2 Cent^os·*
Cu. sup. **Cordoba.** *2 Réaux* 1849. F. 10129, t.b.c. *Réal* 1845. Cf.
F. 10123, b.c. $^1/_4$ *Réal,* t.b.c. Arg. 3 ps. Nick., Cu, Arg. Ens. 7 ps.

Bolivie.

497 1850. *4 Sueldos* sur la répression de la révolte. Tête de Belzu à g.
Rev. Hercule deb. ayant tué l'Hydre (de l'Anarchie). Inscription
sur la tranche striée. Rosa 722. F. 9552. Arg. Beau.

498 1850. *Peso.* Potosi. LIBRE POR LA CONSTITUCION. Tête à g.;
sur la coupure de la tête BOLIVAR. Rev. Deux lamas couchés sous
un cocotier. F. 9556. Arg. Beau.

499 1852. *Peso,* même type, mais tête laurée. Arg. Beau.

500 *Peseta* 1863. Tête à g., t.b.c. *Peseta* commémorative 1865, b.c.
2 Centesimos 1864, t.b.c. Rare. *Centavo* 1883, beau. Arg. 2 ps. Cu. 2 ps.
Y ajouté: Costa-Rica. *50* et *25 centavos* 1865. Arg. b.c. Honduras
1832. *Réal.* F. 7399 (de 1839) Bill. t.b.c.-b.c. Ens. 7 ps.

Brésil.

501 **D. José** 1750—77. *40, 20, 10* et *5 Reis* 1774. cf. Meili 53, 228,
231 (2), 236, 241. 247. cf. Souza Lobo 245, 248, 251, 252, 266,
267, 277. Cu. t.b.c. 8 ps, dont 3 contr. à l'écu de Portugal.

502 **Da. Maria et D. Pedro III.** *X Reis* 1784, contrem. de l'écu de
Portugal. Da. Maria. *5 Reis* 1791, même contrem. D. João VI,
pr. rég. *10 R.* 1802; roi. *80 R.* 1820 pour Moçambique, S. Thomé
e Principe. *20 R.* 1821 Rio. *10 R.* 1820, 21 Rio. Pedro I, empereur. *40 R.* 1823 contrem. de 20; *20 R.* 1824, *10 R.* 1824.
40 R. 1827 Goyaz, 1828 Cuyaba. Cu. 12 ps. La plupart belles.

Canada.

503 **George V.** 1912. *5 Dollars.* Buste couronné à g. Rev. Armoiries.
Or. Très beau.

504 **Terre Neuve** (New Foundland) Victoria 1870. *50 Cents.* Essai fr.
sur flan bruni. Tranche lisse. Arg. Très beau. Rare.

---

[1]) Die Jules Fonrobertsche Sammlung überseeischer Münzen und
Medaillen. Berlin 1878.

34

Chili.

505 **République.** 1821. *Peso* au volcan fumant, etc. Rev. Obélisque surmonté d'un globe, etc. M.[1]) pl. VIII, 1 (de 1817). F. 9846. Arg. Très beau.

506 1861. *Peso.* La Liberté deb. près d'un autel. Rev. valeur dans une couronne de feuilles. M. pl. VII. 8. F. 9949. **Or,** 1.5 gr. Beau-t.b.c.

507 1895. *5 Pesos,* fr. après la conversion métallique. Tête de la Liberté à g. Rev. Armoiries. M. pl. XI. 4. **Or,** 2.9 gr. F.d.c.

508 1896. *20 Pesos.* Buste féminin à g., par *O. Roty.* Rev. VEINTE PESOS Armoiries; à g.; s; en bas, 1896. M. pl. XI, 1. **Or,** 27 mm., 12,1 gr. Très beau.

Colombie.

509 **Bogota.** 1826. *Peso.* Buste de la Liberté à g. Rev. ☸ BOGOTA ☸ Deux cornes d'abondance réunies en bas, accostant un faisceau de licteur; en bas, 1· P ☸ I· F Fonrobert 8072. **Or,** Beau, rare.

510 **Medellin.** 1863. *Peso.* ᴇꜱᴛᴀᴅᴏꜱ ᴜɴɪᴅᴏꜱ etc. Tête de la Liberté à g. Rev. ᴍ. ᴘᴇꜱᴏ ɢ. 1,612 etc. Valeur. F.—. **Or,** beau. Rare.

511 1872. *Peso.* Même droit, tête plus grande. Rev. Condor assis sur les armoiries. F. —. **Or.** Très beau. Rare. *Voir la reproduction.*

512 — *Peso,* même droit. Rev. Condor debout. F. —. **Or.** F.d.c. Rare. *Voir la reproduction.*

513 **Popayan.** 1823. *Escudo,* F. 8221. t.b.c. trace de monture, de 1832. F. 8229, t.b.c. **Or.** 2 ps.

514 1830. *Onza* REPUBLICA CO·LOMBIA. Buste de la Liberté à g.; en dessous, • 1830 • Rev. ☙ POPAYAN ❧ Deux cornes d'abondance réunies en bas, accostant un faisceau de licteur orné d'un arc et trois flèches en sautoir; en bas, 8 · E — U· R — Date manquant au Cat. Salb. et à F. **Or,** 36 mm., 27.08 gr. Beau.

Costa Rica.

515 1828. *1/2-Escudo.* · ʀᴇᴘᴜʙ · ᴅᴇʟ ᴄᴇɴᴛ · ᴅᴇ ᴀᴍᴇʀ · Trois montagnes sous un soleil brillant dans un cercle; en bas, 1828. Rev. ·ʟɪʙʀᴇ ᴄʀᴇꜱᴄᴀ ꜰᴇᴄ· Arbre entre ½ — ᴇ· dans un cercle; en bas, ᴄʀ · ꜰ · 21 ǫ· type F. 7298. (de 1825). **Or,** superbe petite monnaie, rare. *Voir la reproduction.*

516 1848. *1/2-Escudo,* même type. Rev. · ʟɪʙʀᴇ ᴄʀᴇᴢᴄᴀ ꜰᴇᴄᴜɴᴅᴏ ·; en bas, ᴄ ʀ · ᴊ · ʙ. **Or,** Beau-t.b.c.

Cuba.

517 **République.** *Peso* commémoratif. PATRIA Y LIBERTAD Tête de femme entre ⋆ 18 — 97 ⋆; en bas, SOUVENIR. Rev. Armoiries de la République, etc. Arg. Beau.

---

[1]) José Toribio Medina. Las Monedas Chilenas. Santiago de Chile MCMII.

Etats-Unis.

518 **Rosa Americana.** $^1/_2$-*Penny* 1723. 26 mm., a.b.c. *Washington Cent* 1783 b.c. *Cent* 1816, b.c. 1837 t.bc. 1853. t.b.c. Cu. 5 ps.

519 1783. *Washington Cent.* Buste lauré à g. Rev. La Liberté assise. Cr. X. 1. Cu. Beau.

520 S. d. *Washington Cent,* b.c. *Cent* 1794, b.c. 1802 t.b.c.-b.c. 1803 b.c.-a.b.c. 1805 b.c. 1806 b.c. 1810 t.b.c.-b.c. 1814. t.b.c.-b.c. Cu. 8ps.

521 *Cent.* 1831. 1839 Superbe et très beau. Y joint 1827, 1829, 1832, 1843, 1848, 1849, b.c., t.b.c. et beaux 1855. Sup. et *Cent* usé contrem. J. P. SPIES. Cu. 10 ps.

522 $^1/_2$-*Cent* 1806, 1825, 1829, t.b.c. b.c., 1853, 54, beaux: Token *1 C.* Tradesmens Currency, beau Y joint: Nouvelle Ecosse. Penny 1832, t.b.c. $^1/_2$ Penny token 1815, b.c. Cu. 8 ps.

523 1903. $2^1/_2$-*Dollar*. Tête de la Liberté. **Or.** Belle.

524 1909. *Dollar* commémoratif du centenaire de Robert Fulton. Son buste de face Rev. ⁂ NEWYORK TO ALBANY ⁂ Premier bateau à vapeur; en exergue, THE CLERMONT — ONE TRIP **Or** mat. F.d.c.

525 — *Dollar* pareil de Hendrik Hudson. Son buste. Rev. NIEUW · AMSTERDAM · La caravelle „De Halve Maen"; en exergue, MCMIX — 1 DAALDER **Or** mat. F.d.c.

526 1918. $^1/_2$-*Dollar* commémoratif de Lincoln. Son buste à dr. Arg. F.d.c.

527 1919. $^1/_2$-*Dollar* du centenaire d'Alabama. Bustes de Bibb et de Kilby à g. Arg. F.d.c.

528 — $^1/_2$-*Dollar* pareil, avec 2 ⅍ 2 dans le champ. Arg. F.d.c.

529 1920. $^1/_2$-*Dollar* commémoratif des Pilgrims. Buste d'un Pilgrim portant la Bible. Rev. Navire. Arg. F.d.c.

530 1921. $^1/_2$-*Dollar* du centenaire de Missouri. Buste d'un Indien à g. Rev. Deux Indiens deb. Arg. F.d.c.

531 1922. $^1/_2$-*Dollar* commémoratif de Grant. Buste à dr. Rev. Maison natale. Arg. F.d.c.

532 1923. $^1/_2$-*Dollar* commémoratif du Doctrine Monroe. Bustes de Monroe et d'Adams à g. Arg. F.d.c.

533 **Connecticut.** Cent 1787. b.c. Massachusetts. Cent 1787, 1788, b.c. New-Jersey. Cent 1787. b.c. New-York. 1794. Talbot, Allum & Lee, t.b.c. Cu. 5 ps.

Médailles.

534 1720. **John Law et le système du Mississippi.** *Méd. satirique.*
Law deb. tenant un navire et un bulletin, devant un repaire dans
lequel l'Envie ; en haut, la Renommée. Rev. inscr. en 21 lignes.
Alexi nº. I.[1]) Betts L.M. nº. 2., Betts Col. Méd. 114. (Argent). Étain
45 mm., t.b.c. Rare.

535 — Même sujet. CREDIT ist Mauße-todt. Homme tenant un caducée
et un billet avec WEXL — BRIEFE, tombé mort sur la terre. Rev.
BANQVERODT ist ALA MODE — VISIBILIS. — INVISIBILIS.
Buste de Law portant un tricorne, vu de derrière ; sur la ceinture
MDCCI (pour MDCCXX) Alexi X. Betts L. M. 26 var., Betts
C. M. 115. Arg. 26 mm. Belle-t.b.c. Rare.

536 — Même sujet. Méd. semblable. Var. sur la ceinture MDCIC (pour
MDCCXX). Betts —. Arg. 27 mm. F.d.c. *Coin brisé.* Rare. *Voir
la reproduction.*

537 — Même sujet. Méd. semblable. Var. sur le billet WEXEL. Rev.
sur la ceinture MDCII. Alexi X, 2e coin. Cf. Betts C. M. 116,
Betts L. M. 25. Arg. 27 mm. t.b.c. Rare.

538 — Même sujet. s. d. GELD IST DIE LOSUNG ; à l'ex., ABER.
Deux soldats tenant des hallebardes, l'un parlant derrière son cha-
peau, l'autre tenant un sac d'argent derrière lui. Rev. WIE'S KOMMT
SO GEHT'S. ; à l'ex., NULLA BLEIBT — UBRIG. Un vieillard
deb., tenant un sac d'argent dont il perd le contenu. Betts L. M. 32.
Betts C. M. 120. Arg. 38 mm., 14.2 gr. Très belle et très rare.
Voir la reproduction.

539 — Même sujet. PARISER — WEST-INDISCH — LOUISIANISCHER — COM-
PAGNIE ACTIEN etc. lég. des deux côtés. Betts L. M. 8. Betts
C. M. 121. Alexi XII. Étain 27 mm., t.b.c. une autre à l'homme
demi-nu fumant sa pipe. Betts L. M. 23. Betts C. M. 126. Alexi —.
Étain 32 mm., b.c. 2 ps. Rares.

540 — Même sujet. VERGRÖSRVNGS GLAS THVTS HIER etc. Un homme
en riche costume, deb., près d'un coffre fort, regardant par une loupe
avec 100 un billet avec 10000. Rev. Un homme pendu, un deuxième
se noyant, un troisième devenant fou, et un quatrième se fuyant.
Betts L. M. 21. Betts C. M. 128. Alexi VIII. Br. 41 mm. Très
belle. Rare.

541 — Même sujet. CREDIT ist Mauße-todt Homme tenant un caducée et
un billet avec WEXEL, tombé mort sur la terre. Rev. PAX PAX
DICENTES· etc. Betts L. M. 28. Betts C. M. 139. Cu. 26 mm.
Très belle. Rare. *Voir la reproduction du revers.*

Guatémala.

542 **Charles III.** 1760—88. *8 Réaux* 1764, t.b.c. trouée. Y joint : Mexique.
Ferdinand VII. *8 Reaux* 1820, b.c. Pérou. Charles IV. *2 Réaux*
1796, b.c. Monnaies irrégulières. *2 Réaux* 1758. *Réal* 1749, et s.d.
t.b.c. et a.b.c. Arg. 6 ps.

---

[1]) S. Alexi. John Law und sein System. Berlin 1885.

543 **République.** 1859. *Peso.* Sa tête à dr. par Frener. Rev. Entre deux palmes réunies, 1 — PESO — 1859; en bas, 21 Q. R. Fonr. 7239. **Or.** Beau.

544 1860. *Peso* pareil. F. 7241. **Or.** Superbe.

545 1860. *4 Reales,* même type. F. 7242. **Or.** 10 mm., 0.7 gr. Très beau. Jolie petite monnaie.

Guyane française.

546 *Tampé* ou *Marqué.* Flan au C couronné. H. W.[1]) 5. Zay 22. Bill, Cu. argenté et Cu. 3 ps. Belles. *Double Sou* 1788, 1789. H. W. 9. Zay 30. Billon 2 ps. Belles. **Essais en billon** de 10 *cent.,* argenté 1818 et 1846. H. W. 12, 13. Zay 35, 53, 2 ps. f.d.c. Lot intéressant de 7 ps.

Haiti.

547 *Centime* 1831. F. 7566, très beau. 6¼ *Centimes* 1846. F. 7585, Beau. *2 Centimes* 1849. F. 7609, belle. **Faustin I.** 6¼ *Centimes* 1850, au buste. F. 7612, t.b.c. Cu. 4 ps.

Indes occidentales.

Colonies anglaises.

548 **Barbadoes.** *Penny* 1788. F. 7797, t.b.c. *Halfpenny.* Token s. d. de Moses Tolanto. F. 7796, t.b.c. Bermuda. *Halfpenny* 1793. F. 7807. Beau. Cu. 3 ps.

549 *Halfpenny* 1792. Tête de nègre. Atk. 12. Cu. t.b.c.

550 **Sainte=Lucie** (1813). Occupation anglaise. *2 Livres 5 sous.* Segment coupé d'un gourde ou peso hispano-américain. H. W. 73. Zay p. 220. 73. Arg. la contrem. superbe. *Voir la reproduction.*

551 **Tobago.** *Double Sou* de Cayenne de 1789, contrem. de TB o H. W. 79. Zay p. 235, 91. Bill. Beau. *Voir la reproduction.*

552 **Trinidad.** François Declos, vers 1850. Monnaies contrem. de F D. *a.* Sur un *Sou* de cu. 1767. *b.* sur une monnaie de Savoie de 1794, *c.* sur un *réal* de Buenos-Ayres 1840. Y joint: *Half Stampee.* Token de H. E. Rapsey à Port of Spain F. 7852, superbe. *Farthing.* Token de J. G. d'Ade & Co, superbe. Cu. 5 ps.

Colonies espagnoles.

553 **San Domingo.** Ferdinand VII. (1814—22). ¼-*Real* s. d. Cf. F. 7632. Cu. 24 mm. Beau. Y joint: Caracas. ¼-Real 1818. F. 7993(2). ¼-Réal 1820. Croix cantonnée de S — M — château — poignard. Rev. Sous une couronne château ↓ poignard et date 1820. (2 ps.) Cartagena. ½-Real 1812 et s. d. b.c.-t.b.c. Lot de 7 ps.

Colonies françaises.

554 *9 Deniers* 1722 H (La Rochelle) Zay p. 54, 7, b.c. *Sou* 1767 contrem. de R F dans un ovale. H. W. 48, t.b.c. Cu. 2 ps.

---

[1]) Howland Wood. The Coinage of the West-Indies and the Sou marqué. New-York 1905.

555 *Sou* 1767, contrem. de R F dans un ovale. H. W. 48. Cu. t b.c.
et b.c. 2 ps.

    Y ajouté: *Double Sou.* Cayenne 1789 contrem. T B Tobago . H. W. 79,
Sou marqué de 1755. Cf. F. 7688 sq. t.b.c. Cu. 2 ps.

556 **Charles X.** *Essai de 10 centimes* 1825. Tête laurée à g.; *Ж. Tiolier*
Rev. Valeur. etc. Cordonné en creux sur le milieu de la tranche.
Cf. Zay p. 110, 36. Bronze. F.d.c.

557 *Essai de 5 cent.* 1825. Même type. Cf. Zay 40. Bronze. F.d.c.

558 *Pièce de 5 cent.* 1830, idem 1827 avec m.m. H (La Rochelle) Zay
44 et 44 ann. Cu. F.d.c. 2 ps.

559 **Louis-Philippe I** *Essai de 10 centimes* 1839. Tête laurée à g.;
dessous, TIOLIER ET BARRE. Rev. Valeur, etc. Cf. Zay. p. 112, 45. Cu.
doré. Très beau.

560 *Essai de 5 centimes* 1839. Même type. Cf. Zay 49. Cu. doré. Superbe.

561 *Essai de 10 centimes* 1839, en bronze rougeâtre. Très beau.

562 *Essai de 5 centimes* 1839, en bronze couleur olive. F.d.c.

563 *Pièce de 5 centimes* 1839. Cu. Superbe.

564 **Guadeloupe (La)** (1811) **Occupation anglaise.** *Gourde* ou *peso*
(fr. à Mexico en 1802), *percé au centre d'un trou carré ondulé* et
d'un poinçon avec **G** couronné des deux côtés. Zay p. 196 n. 5.
H. W. fig. 50. Arg. b.c. rev. a.b.c. Les contremarques t.b.c.

565 *20 Sols.* Une pièce de 12 sols 1741, tête de Louis XV à g.; contrem. de **G** couronné, cf. H. W. fig. 57. Zay p. 198 n. 10. Arg.
Belle. *Voir la reproduction.*

566 *10 Sols.* Une pièce de 3 pence, anglaise 1746, au buste de George II.
Même contrem. Arg. Belle. *Voir la reproduction.*

567 *1, 1/2 et 1/4 Gourde* de Point-à-Pitre ; au monogramme *C D C* (Cercle
du Commerce); en haut, POINTE—A'—PITRE 2 fleurons. Rev.
Palme et marchandises ; le 1/2-gourde octogone. Rev. Ancre et
marchandises; le 1/8-gourde. Rev. Ancre, marchandises, coq et navire.
F. 7722, 7725, 7723. Zay p. 204, 28, 29, 30. Fonte de fer. 37, 29,
26 mm. 3 ps. belles. Fort rares.

568 *1/4-Gourde*, comme celui du n°. précédent. Fonte de bronze. 26 mm.
Très beau. Fort rare.

569 *1/2-Gourde* octogone. Var. de gravure de celui du n°. 567, et *frappé*
en étain, 30 mm. Beau. Inédit. Fort rare. *Voir la reproduction.*

570 *1/4-Gourde*, comme le n°. 568, mais *frappé* en bronze. 27 mm.
Beau. Inédit. Fort rare. *Voir la reproduction.*

571 1903. *Franc, et 50 centimes.* Tête de Caraïbe à g. Rev. Canne à
sucre. Zay suppl. p. 13. Nickel f.d.c. 2 ps.

572 **Martinique (La).** *Double Sou* de Cayenne 1789. contrem. de **M.**
H. W. 95. Zay 57. Bill. b.c. Rare.

573 **La Martinique. Occupation anglaise.** *Réal* de Mexique 1744, percé au centre d'un trou coriforme et les bords rayés sur les deux faces. Cf. H. W. 89 sq. Zay —. Arg. Beau. Rare. *Voir la reproduction.*

574 *5 Centimes* française de l'an 7, contremarquée sur le buste de la République d'un *cœur couronné.* H. W. 94. Zay p. 216, 59. Cu. Très belle.

575 *5 Cent.* pareille, an 8, BB (Strasbourg). Même contremarque. Cu. t.b.c.

576 1897. *1 Franc* et *50 centimes* au buste de la Martiniquaise à g. Zay suppl. p. 15. Nickel-cuivre f.d.c. 2 ps.

Colonies néerlandaises.

577 1794. *Pièce de 3 florins*, fr. à Utrecht. La pucelle néerlandaise debout. Rev. M O : ARG : etc. Ecusson couronné des Pays-Bas entre 3 — Gᴸ; en bas, W. Verk. 204,1. Cat. Grogan 932. Arg. F.d.c. Rare.

578 — *Florin* au même type. V. 204,2. Cat. Grogan 933. Arg. F.d.c.

579 — *Quart de florin* au même type. V. 204,3. Cat. Grogan 934. Arg. F.d.c. 2 ps. var.

580 — *Double Sou.* Ecusson couronné. Rev. Grand W; en haut • (*petit écu d'Utrecht*) •; en bas, 1794. V. 204,4. Cat. Grogan 935. Arg. F.d.c.

581 — *Florin* (2), ¼ *Florin* (4). Beaux. *Double Sou*, b.c. Arg. 7 ps.

582 (1815) S. d. Epreuve d'un *Sou.* Grand **W**; au-dessus et au-dessous, une rose. Rev. Couronne dans un cercle. Cu. t.b.c. De la plus haute rareté. *Voir la reproduction.*

  Provenant de la collection White King 1ʳᵉ partie n⁰. 2025.

583 S. d. *Décime* au buste de la République française, an 7, contremarqué d'un **W** dans un triple ovale. (pour West Indië?). Cu. t.b.c. Inédit.

584 S. d. Flan de cuivre, deux fois contremarqué de W · I dans un creux rectangulaire dentelé. (West Indië?) 27 mm. Beau.

585 S. d. *Sou.* Sous une couronne, monogramme W V et deux o entrelacés Rev. uni. F. 7767. Cu. 24 mm., t.b.c. Fort rare.

586 S. d. *Sou* pareil, frappé sur une monnaie mexicaine, dont on lit encore DURAN(GO) — OCTAVO — DE — REAE dans une couronne de palmes, et var. avec monogr. plus petit et des traces semblables au revers. Cu. t.b.c.-b.c. 2 ps. Fort rares.

Curaçao.

587 Vers 1815. *Pièce de 18 sous* (Driekantje) Coupure, cinquième partie d'une piastre espagnole, triangulaire et dentelée, contremarquée d'une rosace. Cf. H. W. 97. Arg. 5.2 gr. Belle.

588 (1815) Pièce semblable, cinquième partie d'une piastre, contremarquée d'un 3 dans un rond dentelé (3 réaux). H. W. 100. Arg. 4.8 gr. Belle.

589 Pièce semblable, *sixième* partie d'une piastre. Même type. Arg. 4.2 gr., t.b.c.

590 Pièce semblable, cinquième partie d'une piastre, contremarquée d'un 3 dans un cercle. Arg. 5.1 gr. Belle.

591 Pièce semblable, sixième partie d'une piastre. Même type. H. W. 101. Arg. 4.1 gr. Belle-t.b.c.

592 *Pièce de 9 sous.* Coupure, quatrième partie d'un florin hollandais à la tête du roi Guillaume I., contremarquée d'un *C* dans un ovale. Cf. F. 7776. H.W. 106. Arg. 2.7 gr. Belle .Rare. *Voir la reproduction.*

593 1821. *Reaal.* Essai en bronze en piéfort. Caducée et épi en sautoir; en haut, CURACAO; en bas, 1821. Rev. 1 — REAAL – ✴ dans une couronne de laurier et de chêne (à 8 glands) Tranche striée Cf. Verk. 222,6. Bronze 18 mm. F.d.c.

594 — *Reaal.* Essai pareil en plomb, tranche lisse. Beau.

595 — *Reaal* pareil, avec 8 et 12 glands, 2 var. Arg. 2 ps. Belles.

596 1822. *Sou.* V. 222.7. 3 var. de gravure. F.d.c. (2) et belle. Billon 3 ps.

597 — Essai de Sou, au même type. Droit et revers unifaces. Arg. f.d.c. 2 ps.

598 S. d. *Sous* émis par les grandes maisons de commerce; avec 1 — STUIVER Rev. J ⨯ C⁰ (Jesurun & C⁰), var. avec J. J. N. (J. J. Naär) et var. avec L ⨯ C (Leiba & C⁰). Nickel 15 mm. 3 ps. Très belles.

599 **Wilhelmine,** reine. 1900. ¹/₄ et 1901. ¹/₁₀ *Florin.* Tête diadémée de la reine à g. Rev. KOLONIE-CURAÇAO Ecusson couronné. Essais fr. sur flan bruni. Arg. 2 ps. Superbes.

600 1900. ¹/₄ et 1901. ¹/₁₀ *Florin,* pareils. Arg. F.d.c. et très belle, 2 ps.

601 **St. Martin.** *Sou* de Cayenne, contremarqué des lettres S E à l'île St. Eustache, et d'un P à Philipsbourg, à l'île St. Martin. H. W. 41. F. 7785. Cu. t.b.c. Fort rare. *Voir la reproduction.*

602 Flan de cuivre, module du Sou, contremarqué d'un faisceau de flèches. Cu. Beau. Inédit.

Mexique.

603 **Charles III.** *Peso* au buste 1775. Arg. Très beau.

604 **Charles IV** (1788—1808) 1790. *Onza* ou pièce de 8 scudos. Buste à dr. Rev. · AUSPICE · DEO · etc. Ecusson couronné entouré du collier de la Toison d'or. Type F. 6428 (de 1793). Or. Belle-t.b.c.

605 *Peso* au buste 1794. Arg. Très beau.

606 *Peso* pareil 1795, contremarqué au buste de Georg III d'Angleterre dans un creux ovale, dans le Goldsmith's Hall à Londres. Cf. Mailliet pl. LII, 10. Cf. Meili p. 239, n. 1. Arg. Beau.

607 **Ferdinand VII** (1808—1821) 1810. *Onza,* FERDIN · VII · D ·G · — HISP · ET IND · R✴ Buste à dr. Rev. · AUSPICE · DEO · etc. F. —. Or. Belle-t.b.c. Rare.

608 **Augustin I,** empereur (1822—23). 1822. *Onza* ou pièce de 8 scudos · AUGSTINUS (sic) · DEI · PROVIDENTIA · Buste à dr.; en bas, M̃ · 1822. Rev. MEX · I · IMPERATOR · CONSTITUT · 8 · S · J · M · Aigle couronnée, aux ailes éployées debout sur une plante de nopal entourée d'armes mexicaines. F. 6540. **Or.** Belle. Rare. *Voir la reproduction.*

609 **Maximilien,** empereur (1864—67). 1866. *20 Pesos.* MAXIMILIANO — EMPERADOR. Sa tête barbue à dr.; au-dessous, un ruban. Rev. IMPERIO — MEXICANO. Armoiries; en dessous, **20** PESOS — 1866. F. —. Rosa 1255. **Or.** 33.71 gr. Belle.

610 **2ᵐᵉ République.** 1873. *Peso.* Aigle mexicaine. Rev. Valeur; en haut, M. 875 M᷑. **Or.** F.d.c.

611 1872. *2¹/₂ Pesos,* même type. Or. Belle.

612 1918. *2¹/₂ Pesos.* Tête de Hidalgo à g. Rev. Aigle. **Or.** Très beau.

613 1920. *5 Pesos.* Tête de Hidalgo à g. Rev. Aigle. **Or.** F.d.c.

614 1921. *50 Pesos.* Jubilé centenaire de la République. Aigle mexicaine de face. Rev. Statue de la Victoire entre 50 PESOS — 37.5 Gr. ORO PURO; derrière, des montagnes sur lesquels 1821—1921. Inscr. sur la tranche. **Or.** 27 mm. 41.6 gr. F.d.c.

615 **Durango** 1836. *¹/₂-Escudo.* Aigle mexicaine. Rev. Main indiquant le code surmonté d'un bonnet. Cf. F. 6810 (de 1851) var. avec R · M · 21 Qˢ. **Or.** Très beau. Rare.

616 **Guanaxuato.** 1858. *¹/₂-Escudo,* même type, avec P · F · 21 Qˢ. Cf. F. 6877 (de 1857). **Or.** Très beau. Rare.

617 — Etat. *Octavo* 1829. La Liberté assise. Rev. bonnet rayonnant. **San Luis Potosi.** *¹/₄ Real* 1862. La Mexique assise. **Zacatecas.** Quartilla 1846. Tombeau. Rev. Ange. Cu. t.b.c. 3 ps.

618 **Oaxaca.** Monnaies émises par José Maria Morelos, chef des Insurgés du Sud 1811—15.
1812. *8 Réaux.* Monogr. de Morelos, 8—R · et 1812. Rev. Arc et flèche — SUD. Cf. Maill. suppl. pl. 56.1. Cf. F. 6935. Cf. Low VIII. Cu. 35 mm. *Superbe conservation.* Rare.

619 Mexique, *¹/₄ Real* H.J.M.—DE—PALIZADA. Cu. t.b.c.

Paraguay.

620 1867. **4 Pesos fuertes.** REPUBLICA—DEL PARAGUAY. Lion assis près d'une lance surmontée d'un bonnet; dans le ch., PAZ Y—JUSTICIA; à l'exergue, 4 PESOS Fᵀᴱˢ. Rev. La Justice assise de face dans une couronne de palme et de laurier; en bas, 1867; à dr., BOUVET F. F. —. Peña 13 (rarisima). **Or.** superbe. Rarissime. *Voir la reproduction.*

621 — *4 Pesos fuertes* pareil. Essai en cuivre. F.-. Peña 14. Belle. Rarissime.

622 *¹/₁₂ Réal.* 1845. F. 10182. Superbe. 4, 2 et 1 Centesimo. 1870. Belles. Cu. 4 ps.

Pérou.

623 **Ferdinand VI.** (1746—59) 1757. *Piastre* aux colonnes, contrem.
de G S. Arg. Belle.

624 **Charles III.** *Peso* aux colonnes 1761. Arg. Très beau.

625 **Charles IV.** *Peso* au buste 1799, contremarqué *au grand buste* du
roi George III d'Angleterre dans *un creux octogone*, dans le Goldsmith's Hall à Londres. Cf. Meili p. 239. n. 54. Arg. Beau. Rare.

626 *2 Réaux* 1795, *2 Réaux* 1811 de Ferdinand VII. Arg. 2 ps. Belles.

627 **Lima aux mains des patriotes** 1823. Monnaies de nécessité d'un
$^{1}/_{4}$ *Peso*, Lama couché au pied des montagnes; etc. Rev. valeur.
F. 9006. 9009. $^{1}/_{8}$ *Peso* pareil F. 9010(2). Bouton en forme d'une
onza. F. —. Cu. Beau et t.b.c. 5 ps.

> Y joint: Chili. Bouton au type de l'onza de 1849. Cf. F. 9893, a.b.c.
> Token du tramway 1e classe à Valparaiso en caoutchouc rouge (2).
> Token avec SAJONES. Rev. Sj. Cu. Beau. Token 1/4 Real ARVELO—
> LAPATO—AUSTRIA. Cu. Très beau.

628 **République.** 1826. 1/2 *Peso fuerte.* Jurement de la constitution de
Bolivar et en mémoire de son présidence à vie. Armoiries Rev. livre
dans une couronne de laurier. Fonr. 9018. Arg. 35 mm. Très beau.

629 1829. 1/2-*Scudo* fr. à Lima. Champ rempli des armoiries à 3 com-
partiments, lama, arbre, et corne d'abondance. Rev. Couronne de
laurier. F. —, type F. 9071 (de 1841). **Or.** 1.7 gr. Beau. Rare.
Voir la reproduction.

630 **Cuzco.** 1839. *Peso.* Type spécial de la République Sud-Péruvienne,
au soleil radiant. Rev. Château et volcan près de la mer, etc.
F. 9238 (de 1838). Arg. Beau.

Surinam.

631 1679. *Pièce de 4 dutes*, fr. par ordre du gouverneur Johan Heinsius.
Un perroquet assis sur un tronc d'arbre à 4 feuilles; exergue,
AN · 1679 Rev. lisse. Verk. 1147. Cat. Grogan 938. F. 7907. Cu.
Belle-t.b.c. 2 ps. var.

632 — *Double dute.* Même type; mais le tronc d'arbre à 2 feuilles.
Verk. 1149. Cat. Grog. 939. F. 7908, t.b.c. *Double dute* pareille.
Rev. arbre. Cat. Grog. —. F. 7909, a.b.c. Cu. 2 ps.

633 — *4 et 2 dutes,* même type. Cu. t.b.c. et a.b.c. 2 ps.

634 1764. *Dute* fr. par ordre du gouverneur Wigbold Crommelin. Plante
entre 17—64. Rev. SOCIETEIT — VAN — SURINAME. Verk. 222.5.
F. 7911. Cu. F.d.c.

Uruguay.

635 *20 Centesimos* 1840. 1843. F. 10153, 10155. *40 C.* 1844. F. 10159.
et var. avec *tête d'ange* rayonnante au lieu du soleil. F. —. *20 C.* 1844.
F. 10160, 1854. F. 10161. *5 C.* F. 10162. *20 C.* 1855. F. 10163.
4, 2 et 1 C. 1869. F. 10170—2. Bouton en forme de Peso. Cf. F. 10150.
Cu. La plupart t.b.c. Lot de 12 ps.

636 *4 Centesimos* s.d. Un morceau d'une ancienne monnaie de 40 Centesimos coupé en quatre pièces, contremarqué de **4**, et var. avec 4
de forme singulière. Y joint, une huitième partie contrem. de **2**.
Cu. 3 ps. Belles. Inédites.

Océanie.

637 **Hawaï**. Kamehameha III. 1825—54. *Cent.* 1847, au buste du roi.
Cu. Beau.

Papiers-monnaie des Indes Néerlandaises.

638 *100, 25, 10, 5 et 1 Gulden*. Recepis. *Epreuves avant la signature
des billets*. Valeur en hollandais, en malai et en javanais. Bleu, brun,
vert, rouge et noir. Lot de 5 ps. superbes.

639 Lot semblable de 25, 10, 5 et 1 Gulden. 4 ps.

640 Idem. 10 et 5 Gulden. 2 ps.

Or. Nᵒ. 1.   Or. Nᵒ. 110.   Or. Nᵒ. 5.   Or. Nᵒ. 34.   Or. Nᵒ. 47.

Arg. Nᵒ. 21.   Or. Nᵒ. 52.   Arg. Nᵒ. 21.

Or. Nᵒ. 50.   Or. Nᵒ. 51.   Or. Nᵒ. 50.

Et. Nᵒ. 116.   Cu. Nᵒ. 96.   Arg. Nᵒ. 44.

Cu. Nᵒ. 83.   Cu. Nᵒ. 93.

Cu. Nº. 126.   Cu. Nº. 9.   Cu. Nº. 124.

Cu. Nº. 336.

Cu. Nº. 130.   Cu. Nº. 342.   Cu. Nº. 41.

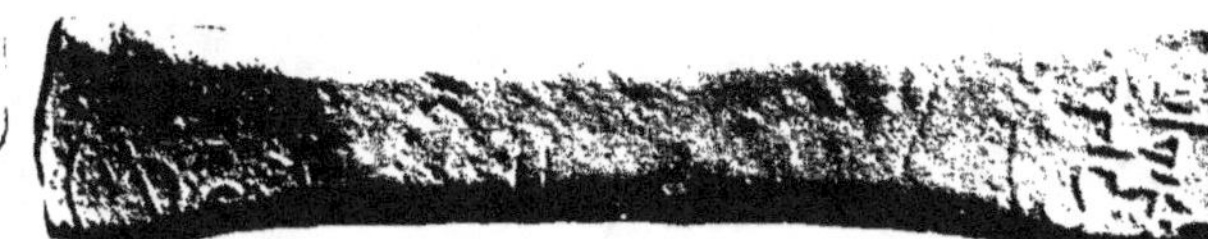

Cu. Nº. 343.

Cu. Nº. 339.   Cu. Nº. 129.   Cu. Nº. 349.

Cu. Nº. 304.   Cu. Nº. 303.

Cu. Nᵒ. 168.
Arg. Nᵒ. 167.
Cu. Nᵒ. 166.
Cu. Nᵒ. 104.
Arg. Nᵒ. 190.
Cu. Nᵒ. 107.
Cu. Nᵒ. 100.
Cu. Nᵒ. 297.
Cu. Nᵒ. 305.
Cu. Nᵒ. 307.
Cu. Nᵒ. 301.
Arg. Nᵒ. 240.
Arg. Nᵒ. 236.
Arg. Nᵒ. 205.
Fr. Nᵒ. 325.
Arg. Nᵒ. 205.
Fr. Nᵒ. 324.
Fr. Nᵒ. 324.

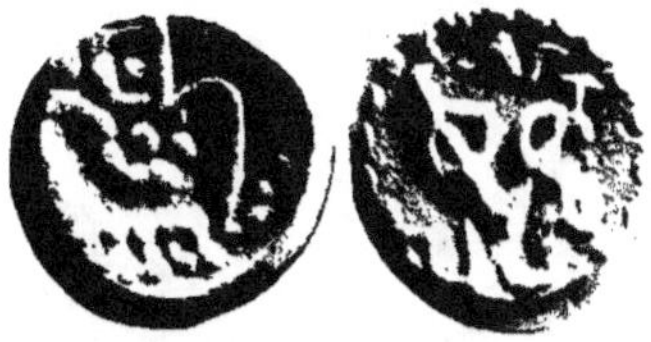

Cu. N°. 370. Cu. N°. 375.

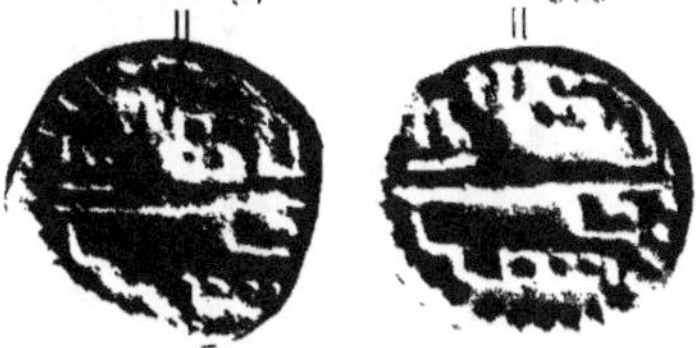

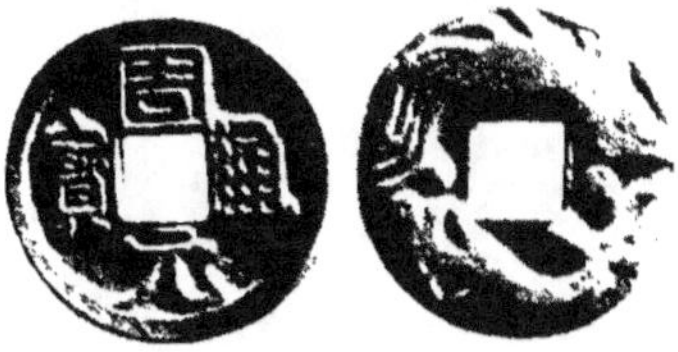

Cu. N°. 415.

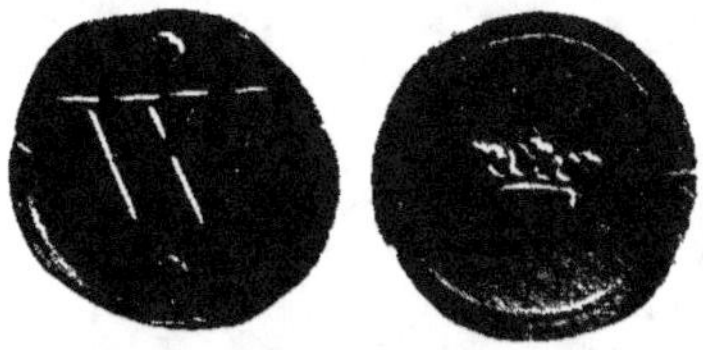

Cu. N°. 582.

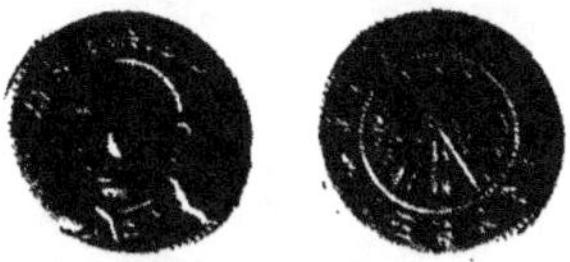

Or. N°. 474.

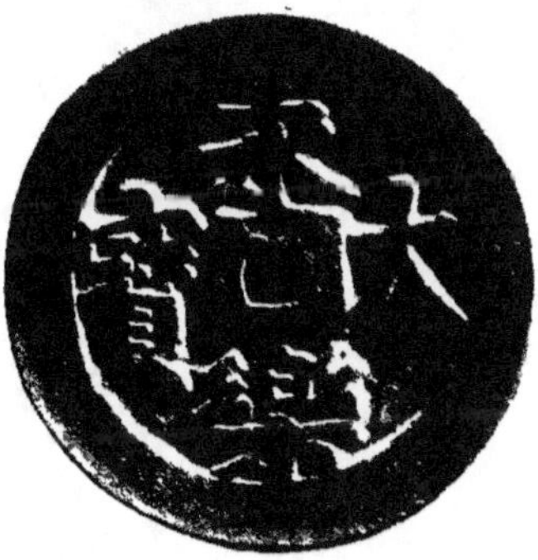

Cu. N°. 421.

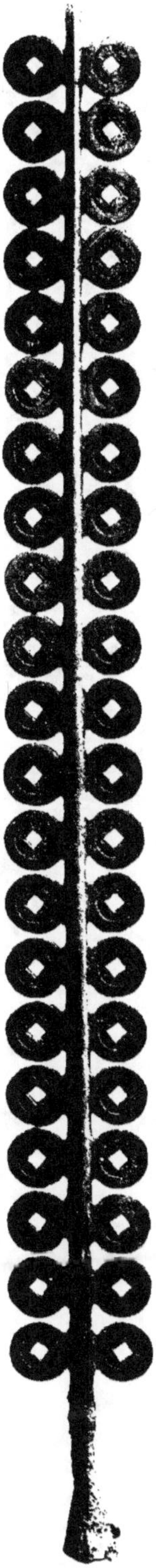

1/3 grandeur naturelle

N°. 447.

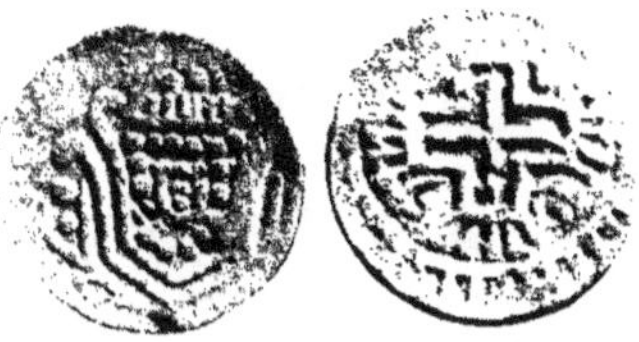

Arg. N°. 380.

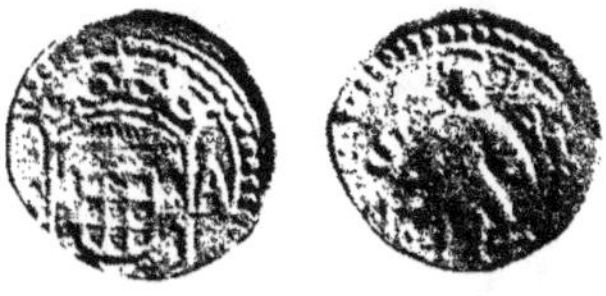

Arg. N°. 387.

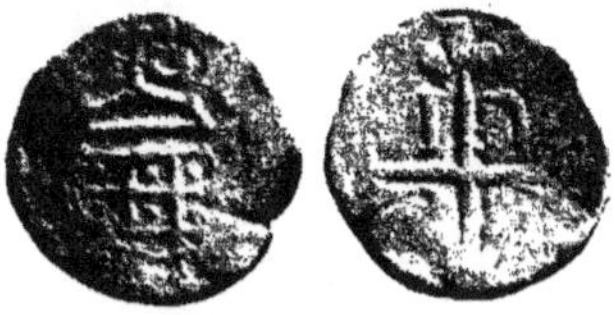

Arg. N°. 379.

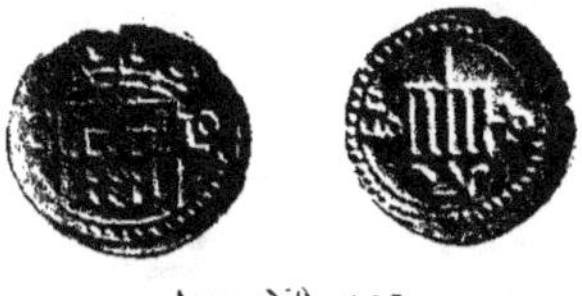

Arg. N°. 335.

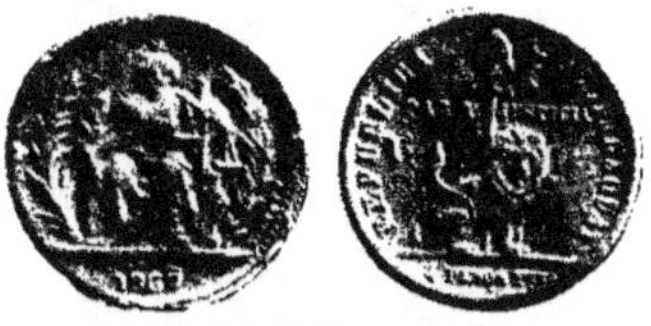

Or. N°. 620.

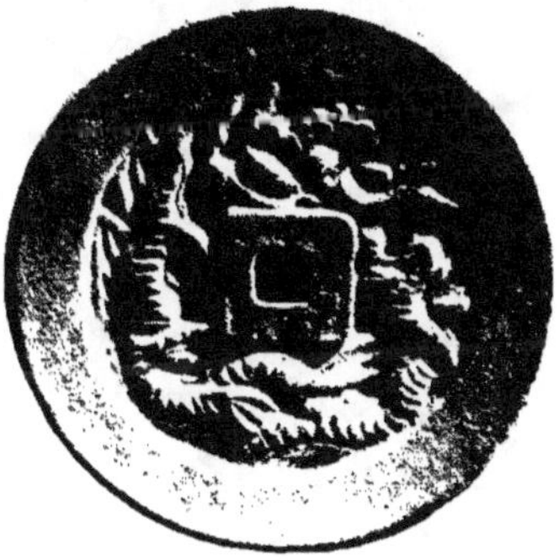

Cu. N°. 421.

Arg. N°. 558.
Et. N°. 509.
Arg. N°. 558.

Arg. N°. 566.
Cu. N°. 601.

Arg. N°. 505.
Bel. N°. 551.

Or. N°. 512.
Br. N°. 570.
Arg. N°. 573.
Br. N°. 570.
Or. No. 511.

Or. N°. 515.
Or. N°. 620.

Arg. N°. 530.
Cu. N°. 541.

Or. N°. 608.
Arg. N°. 502.
Arg. N°. 550.
Or. N°. 608.

VEREENIGDE·DRUKKERIJEN
AMSTERDAM

www.ingramcontent.com/pod-product-compliance
Lightning Source LLC
LaVergne TN
LVHW021755170726
843503LV00007B/2885